CB061770

120 OBJETOS
QUE CONTAM A HISTÓRIA DO BRASIL NA SEGUNDA GUERRA MUNDIAL

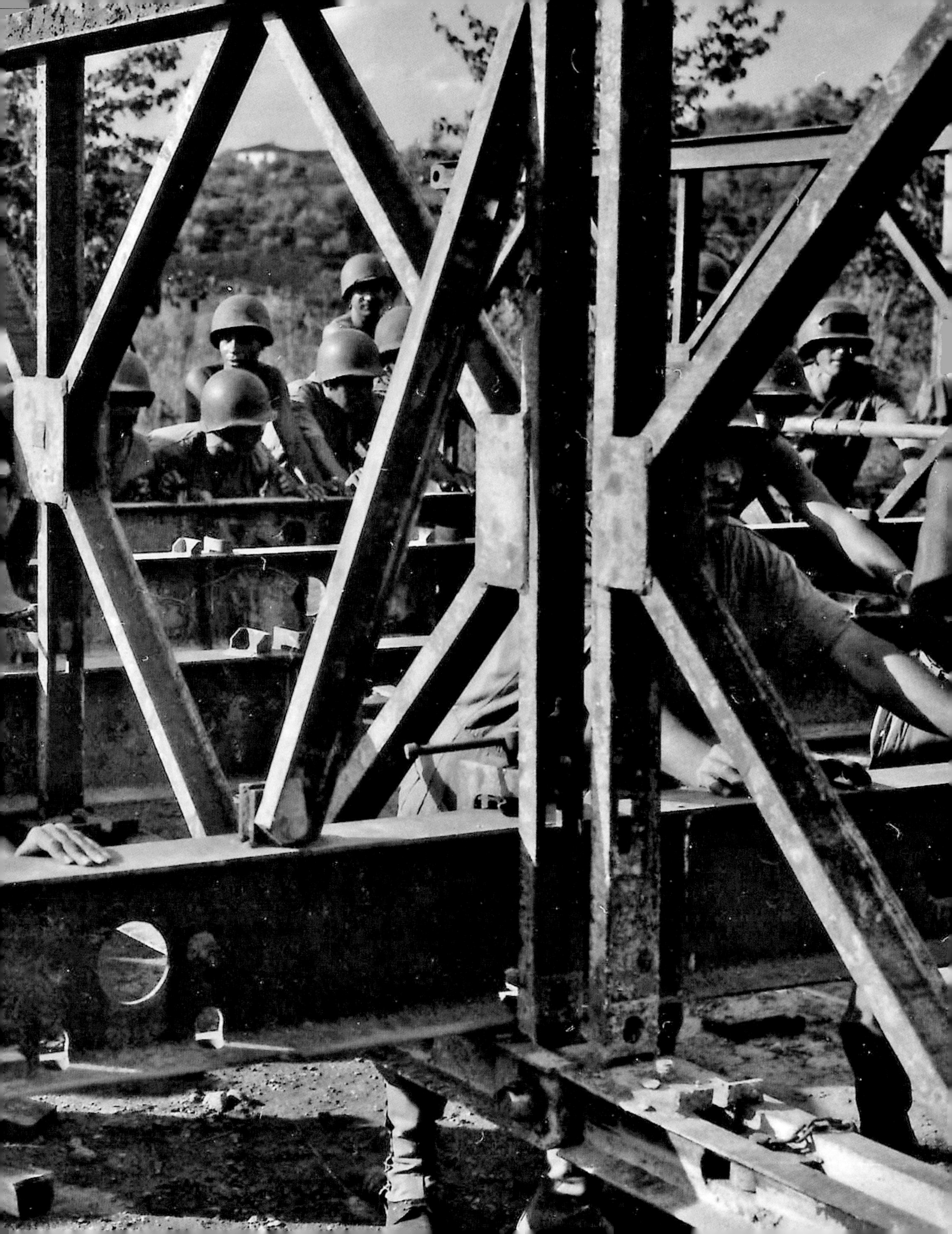

CESAR CAMPIANI

120 OBJETOS QUE CONTAM A HISTÓRIA DO BRASIL NA SEGUNDA GUERRA MUNDIAL

© Cesar Campiani

Diretor editorial
Marcelo Duarte

Diretora comercial
Patth Pachas

Diretora de projetos especiais
Tatiana Fulas

Coordenadora editorial
Vanessa Sayuri Sawada

Assistente editorial
Olívia Tavares

Capa, projeto gráfico e diagramação
Estúdio Insólito

Fotos
Paula Korosue

Tratamento de imagem
Cesar Wolf

Preparação
Márcio Della Rosa

Revisão
Beatriz de Freitas Moreira

Impressão
Santa Marta

CIP-BRASIL. CATALOGAÇÃO NA PUBLICAÇÃO
SINDICATO NACIONAL DOS EDITORES DE LIVROS, RJ

Campiani, Cesar
120 objetos que contam a história do Brasil na Segunda Guerra Mundial / Cesar Campiani. - 1. ed. - São Paulo: Livros de Guerra, 2019. 176 pp.

ISBN 978-85-52944-03-4

1. Brasil. Exército. Força Expedicionária Brasileira. 2. Guerra Mundial, 1939-1945 – Brasil – Obras ilustradas. I. Título.
Bibliotecária: Meri Gleice R. de Souza – CRB-7/6439

18-50385
CDD: 940.5381
CDU: 94(81)"1934/1935"

2019
Todos os direitos reservados à Livros de Guerra.
Um selo da Editora Original Ltda.
Rua Henrique Schaumann, 286, cj. 41
05413-010 – São Paulo – SP
Tel./Fax: (11) 3088-8444
edoriginal@pandabooks.com.br
www.pandabooks.com.br
Visite nosso Facebook, Instagram e Twitter.

Nenhuma parte desta publicação poderá ser reproduzida por qualquer meio ou forma sem a prévia autorização da Editora Original Ltda. A violação dos direitos autorais é crime estabelecido na Lei nº 9.610/98 e punido pelo artigo 184 do Código Penal.

Para Alessandra

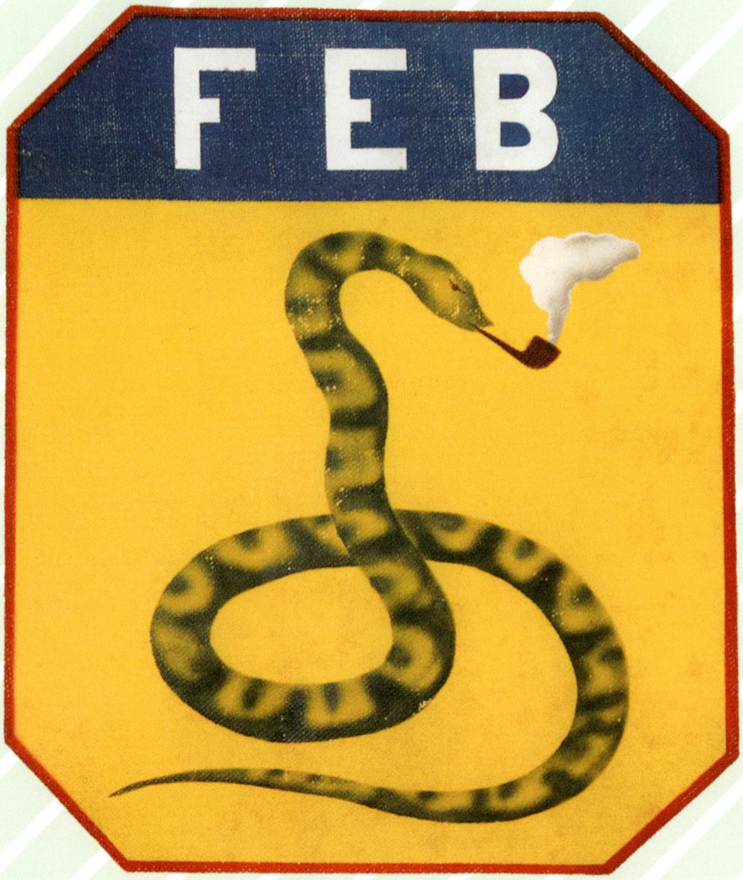
FEB

SUMÁRIO

11 APRESENTAÇÃO

13 CAPÍTULO 1 — O envolvimento na guerra e a preparação da FEB

27 CAPÍTULO 2 — A frente interna

39 CAPÍTULO 3 — Viagem ao além-mar

53 CAPÍTULO 4 — A chegada à Europa e mais treinamento

65 CAPÍTULO 5 — Entrando em combate

79 CAPÍTULO 6 — Dentro da tormenta

135 CAPÍTULO 7 — A vitória final

165 CAPÍTULO 8 — O retorno para casa

172 AGRADECIMENTOS

172 REFERÊNCIAS BIBLIOGRÁFICAS

173 O AUTOR

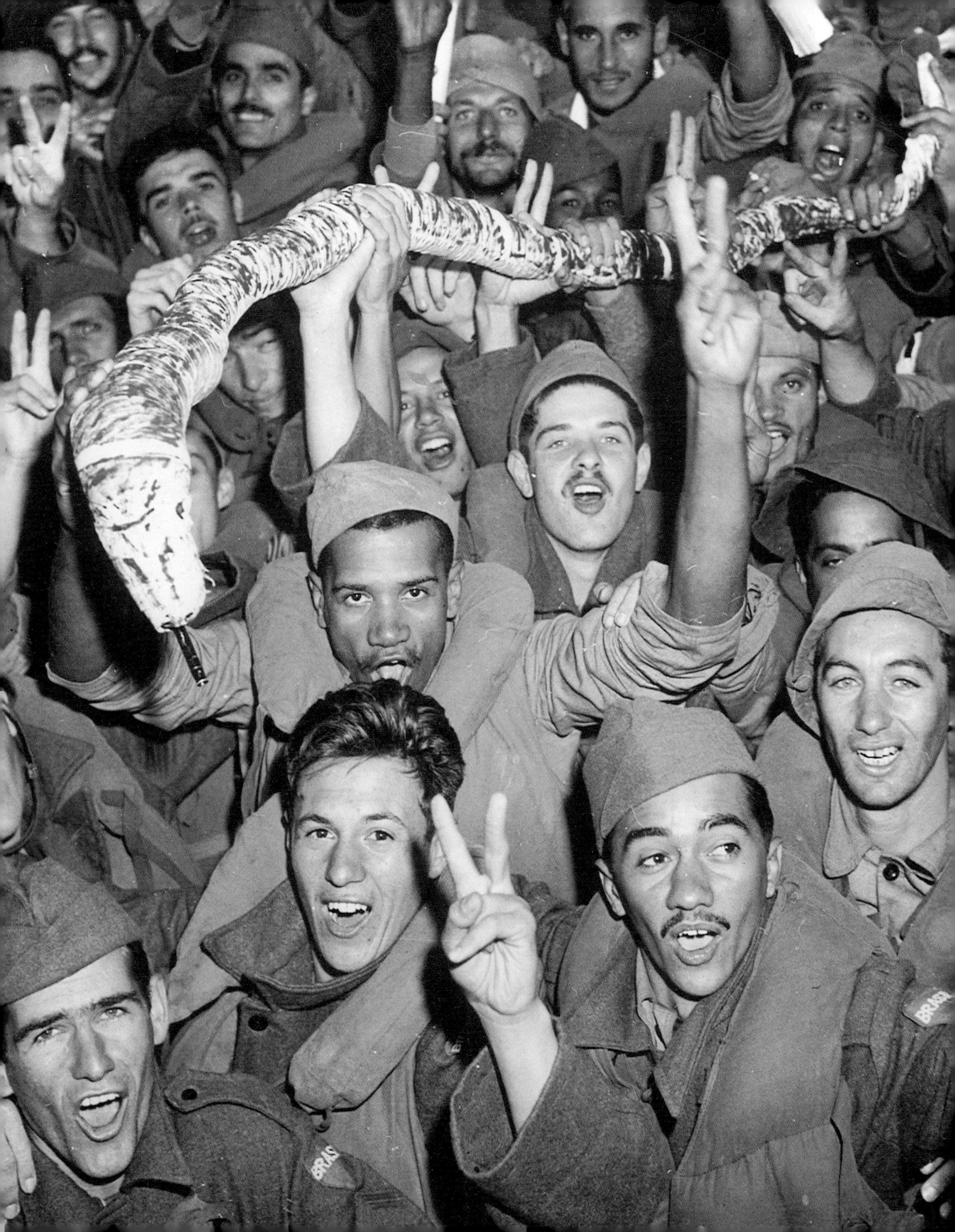

APRESENTAÇÃO

Objetos como os que serão vistos nas fotos deste livro podem hoje parecer raros e ligados a um passado distante. Para quem viveu no tempo da Segunda Guerra Mundial, as peças de equipamento, uniformes, armas e impressos mostrados aqui eram itens presentes e comuns no dia a dia. Eles foram cuidadosamente selecionados em acervos pessoais particulares e de veteranos da campanha da Itália. Nos países em que o sistema educacional garante uma estrutura básica para apoio das atividades de ensino, itens como os exibidos nesta obra podem ser facilmente encontrados em grandes museus voltados para a experiência de guerra de seus cidadãos. No Brasil, elaborar um livro deste caráter implica uma cuidadosa curadoria de objetos e a caça a exemplares em mãos de famílias, veteranos e colecionadores.

Mais do que apresentar objetos da Segunda Guerra Mundial como curiosidades, colecionáveis ou raridades, a proposta deste livro é aproximar o leitor da realidade material dos combatentes e civis brasileiros que participaram do conflito. A enorme variedade de peças necessárias para atuar em uma campanha pressupõe que uma obra limitada a uma centena de objetos seja o resultado de escolhas; assim, o critério empregado para eleger quais itens seriam incluídos foi o da experiência individual do combatente: quais itens seriam vistos, manuseados e utilizados por um soldado convocado que, depois de concentrado na Vila Militar do Rio de Janeiro, atravessou o oceano em um navio da Marinha Americana, passou por toda a campanha e retornou ao Brasil como veterano de guerra?

Por si sós, os objetos não contam uma história. Eles precisam ser compreendidos a partir de um contexto e de como se relacionam entre eles. As várias partes do equipamento usado por soldados têm finalidades distintas. Se apreciadas em conjunto, porém, podem criar uma ideia aproximada de como era a vida dos combatentes brasileiros nas linhas de frente; fornecer pistas sobre o rigor do inverno, a necessidade de camuflagem perante o inimigo nas montanhas nevadas e de proteção de granadas e estilhaços; a alimentação militar recebida na forma de rações americanas de combate; o orgulho ostentado nos uniformes e distintivos. Pense neste livro como se fosse um museu que você pode colocar embaixo do braço e levar aonde for.

Veremos itens relacionados à viagem de navio para a Itália, o material de treinamento, as peças de combate, os uniformes e medalhas, juntamente com peças do equipamento empregado pelo inimigo trazidas ao Brasil como troféus de guerra. Você também vai conhecer os impressos de propaganda Aliada que circulavam pelo Brasil no tempo do conflito para lembrar como era importante que o espírito da população e a opinião pública estivessem também mobilizados para enfrentar os anos de dificuldades e provações. Espera-se que esta coleção de objetos da Segunda Guerra Mundial ajude os leitores a adquirir uma compreensão mais ampla e profunda dos aspectos do envolvimento brasileiro no maior conflito do século XX.

CESAR CAMPIANI

CAPÍTULO 1

O ENVOLVIMENTO NA GUERRA E A PREPARAÇÃO DA FEB

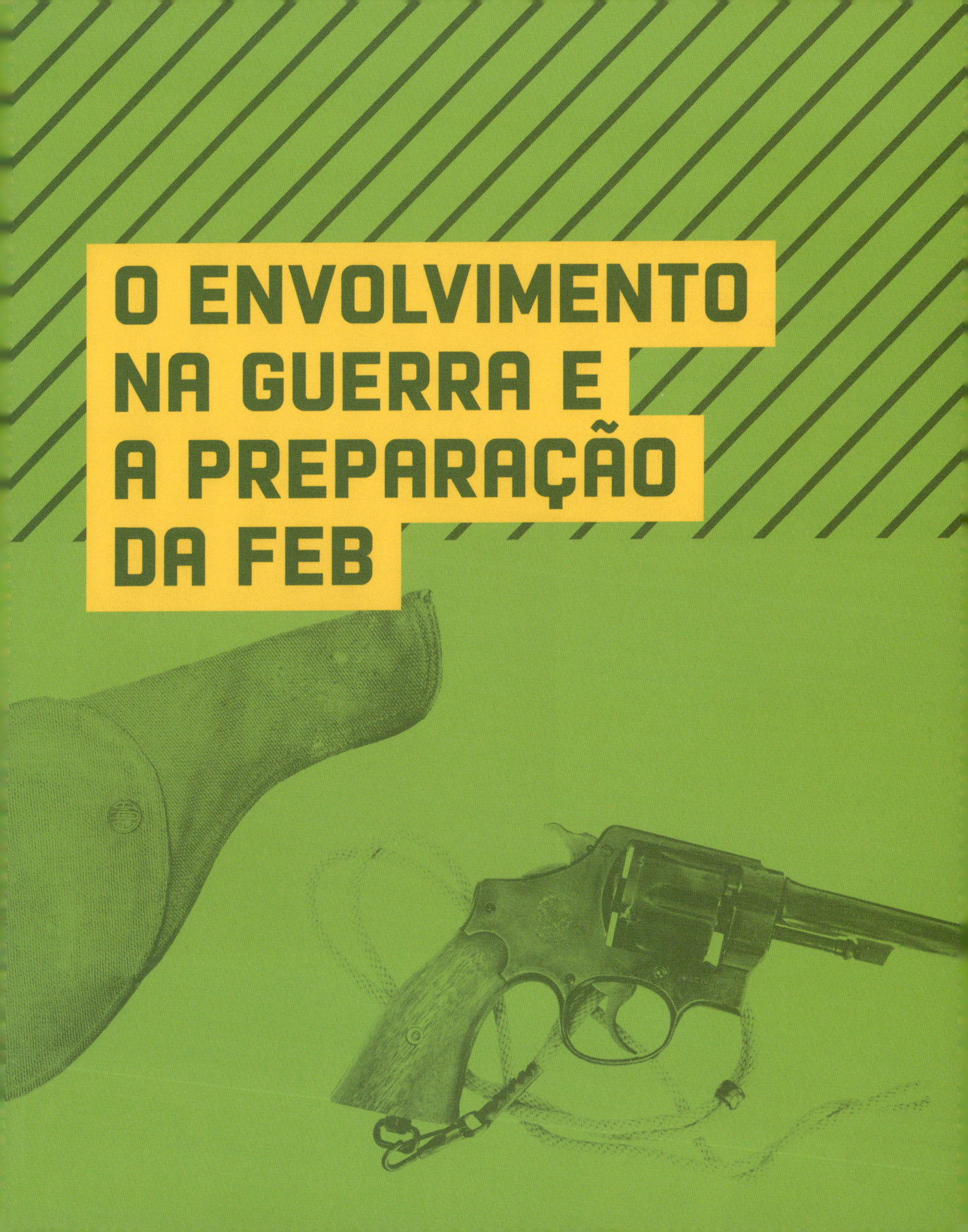

CARGA DE PROFUNDIDADE » Lançamento pela corveta *Cananeia*, da Marinha Brasileira, a primeira das forças a entrar em ação. Em 1942, os acordos de cooperação entre Brasil e Estados Unidos já haviam garantido a cessão de bases aeronavais no litoral nordestino, e os sucessivos torpedeamentos sofridos pela Marinha Mercante conduziram à declaração do estado de beligerância com a Itália e a Alemanha em 22 de agosto do mesmo ano. O envolvimento do Brasil na guerra não resultou na criação de uma força expedicionária brasileira como consequência direta – enviar tropas para combater na Europa foi uma estratégia brasileira para fortalecer o papel do país na política regional, melhorar o aparelhamento das Forças Armadas e tornar mais incisiva a sua inserção internacional.

ZÉ CARIOCA » Mesmo antes do compromisso brasileiro como nação Aliada, os Estados Unidos financiaram a construção da Usina de Volta Redonda, após uma série de conferências e negociações entre Getúlio Vargas e o presidente Franklin Delano Roosevelt, as quais se delongaram pela maior parte da década de 1930. Para se aproximar das nações vizinhas e consolidar um sistema de defesa para a guerra que se delineava no horizonte político, os Estados Unidos não empregaram simplesmente seu poderio militar e econômico, mas também usaram todo o poder do cinema, da arte e da música para convencer os brasileiros de que seu modelo de civilização traria a tão almejada modernização. Um dos legados dessa fase de cooperação entre os dois países é o personagem Zé Carioca, criação dos Estúdios Walt Disney que acabaria por apelidar um dos uniformes elaborados especialmente para a FEB. Em tempo de conflito, até a cultura popular pode ser usada como arma.

CAPACETE DE CORTIÇA » A participação em um grande conflito internacional exigiria que as Forças Armadas se adaptassem à guerra moderna. No caso do Exército, o armamento leve, a Artilharia, os veículos tracionados a cavalo e a força blindada ainda estavam em estágios incipientes de desenvolvimento quando o conflito eclodiu na Europa. Este capacete de cortiça de oficial do Exército Brasileiro adota o padrão da década de 1930. O Brasil já dispunha de capacetes de aço, mas a peça de inspiração francesa era universalmente mais utilizada. Esta cobertura militar sugere as várias influências estrangeiras que orientavam a organização do Exército, força que procurava se modernizar e acompanhar os desenvolvimentos da guerra, enquanto as grandes potências se preparavam para o maior conflito do século. A busca pela modernização militar foi o mais relevante motivo para a criação de uma força expedicionária. O objetivo foi atingido: o contingente do Exército alcançou o número de 180 mil homens e milhares de armas, viaturas e blindados foram entregues pelos americanos tanto na Itália quanto no Brasil.

BINÓCULOS » O uso de armas no campo de batalha só se torna eficaz com treinamento, instrução especializada e uma série de conhecimentos técnicos. Estes binóculos com aumento de 6 X 30, produzidos pela DF Vasconcelos para o Exército Brasileiro, podiam ser tanto usados para observação como para a regulação das alças de tiro. Na Itália, a FEB receberia o equivalente 6 X 30 americano. Durante os anos 1930, o Exército ainda precisava importar aparelhos ópticos da Alemanha. A DF Vasconcelos, fundada em 1941, foi uma das primeiras empresas nacionais a fornecer produtos para as Forças Armadas. Era um pontapé inicial na tão desejada autonomia industrial.

EM GUARDA
Para a defesa das Américas
ANO 2 — N. 8

EM GUAR[DA]
Para a defesa das Am[éricas]
ANO 3

PARAQUEDISTA

REVISTA EM GUARDA » A revista *Em Guarda* era elaborada pela Coordenadoria de Assuntos Interamericanos, órgão do Departamento de Estado do governo americano, e impressa em português nos Estados Unidos. Foi publicada entre 1942 e 1945, constituindo um dos principais órgãos propagadores da Política de Boa Vizinhança, cuja ideia motriz se fundamentava na proposta de que a aliança com os Estados Unidos traria a democracia e o progresso para todas as nações das Américas. Houve uma versão correspondente no idioma espanhol. Um dedicado esforço diplomático conduzido na década anterior à eclosão da guerra afastou a influência nazista das Américas, fortalecendo o controle dos Estados Unidos sobre todos os aspectos sociais, geográficos e materiais da estratégia de defesa do que então já se chamava de hemisfério Ocidental.

UNIFORME B-1 » O primeiro dos uniformes criados para a FEB, oficialmente chamado tipo B-1, foi rapidamente apelidado pela tropa de Zé Carioca. Inspirado em um modelo similar americano, esse padrão acompanhou os soldados brasileiros por toda a campanha. O capacete de lona verde-oliva não chegou a ser amplamente usado na Itália, cedendo lugar para o bibico de brim da mesma cor, que por fim acabou substituído pela versão em lã cinza-esverdeada no decorrer dos meses mais frios. Apesar de sofrerem várias adaptações e adições de agasalhos americanos no período de outono e inverno, os uniformes brasileiros fornecidos antes do embarque permaneceram em contínuo uso, com envio periódico de peças de reposição do Brasil e uma enorme fábrica-oficina de reparos situada no Depósito de Intendência, em Livorno.

21

PEÇAS DO EQUIPAMENTO INDIVIDUAL » Estas peças seguiam o padrão Mills, de origem britânica, e eram utilizadas em território nacional no período da guerra pelo soldado brasileiro. A cartucheira e a fivela trazem as iniciais EUB, correspondente a "Estados Unidos do Brasil", nome oficial do país desde a Proclamação da República. A baioneta é de fabricação alemã para o fuzil Mauser, modelo 1908. Esse material de lona seria abandonado em favor de um tipo fabricado especialmente para a FEB e o fuzil alemão, trocado por armamento americano.

23

DISTINTIVO DA FEB » Criada em 1943, a partir da ideia inicial de envio de um Corpo de Exército de três divisões de Infantaria e uma divisão blindada, a FEB acabou sendo composta pela 1ª Divisão de Infantaria Expedicionária, acrescida de elementos de apoio, como hospitais, serviços postais e bancários, unidades de Intendência (para cuidar dos suprimentos) e recompletamento. As dificuldades de seleção de homens, treinamento e embarque para o teatro de operações provaram-se os maiores obstáculos para o envio de mais divisões. Esses contratempos por vezes tinham suas raízes na má vontade de altos chefes civis e militares, que velada ou abertamente sabotavam o enorme esforço para a organização da expedição. O general escolhido para comandar a FEB foi João Batista Mascarenhas de Moraes, nascido no Rio Grande do Sul em 1883, que honrosamente conduziu seus homens para a guerra e de volta para casa, apesar de todas as adversidades. A FEB atingiu o efetivo total de 25.334 expedicionários, incluindo um destacamento de enfermeiras. Todas as unidades da federação enviaram seus homens para os estados expedicionários, e Rio de Janeiro, São Paulo, Minas Gerais, Rio Grande do Sul, Paraná, Santa Catarina, Bahia, Pernambuco e Mato Grosso foram os que mais contribuíram para os contingentes de soldados. Somado ao efetivo enviado para a Força Aérea Brasileira (FAB), o total de brasileiros combatendo na Europa alcançou a cifra de 26 mil homens. O primeiro navio conduzindo expedicionários para a guerra partiu em 2 de julho de 1944, alcançando o porto de Nápoles em 16 do mesmo mês. Nesse momento da guerra, a Alemanha nazista ainda tinha um exército forte e apto a combater por mais um ano.

REVÓLVER SMITH & WESSON » Este revólver calibre .45, modelo 1917 e com coldre do tipo Mills, foi adotado no Brasil a partir do contrato de 1937. Antes da guerra, o Exército adquiria suas armas com base em oportunidades oferecidas junto ao governo das grandes potências, resultando em material de variada procedência e dificultando aspectos de manutenção, suprimento e padronização. Armamento europeu e americano, uniformes de inspiração francesa, blindados italianos e franceses, equipamento copiado do tipo britânico eram os indícios de um Exército que não dispunha de uma estratégia coerente de aparelhamento e que aproveitaria a guerra para se padronizar e acompanhar o desenvolvimento do campo militar.

CAPÍTULO 2

A FRENTE INTERNA

SALVO-CONDUTO » O Brasil foi um popular destino de imigração para italianos, alemães e japoneses. Esses cidadãos passaram a ser considerados "súditos do Eixo" após a declaração de guerra, em 1942. Mesmo depois de décadas radicados no Brasil, eram tratados com suspeição pelo governo e foram fichados, sujeitos a apresentar cartões de salvo-conduto para circulação. Ao mesmo tempo que as representações nacionais do Partido Nacional Fascista e do Partido Nazista cresceram e alcançaram filiação extremamente numerosa – e devidamente reprimida pela polícia –, milhares de descendentes desses imigrantes foram incorporados às fileiras da FEB, combatendo durante toda a campanha, como qualquer outro soldado brasileiro.

BROCHES PATRIÓTICOS » Usados em lapelas, dois deles apresentam o "V da Vitória" em material fluorescente, enquanto o redondo é alusivo à aliança entre Brasil e Estados Unidos e o broche esmaltado é uma versão nacional de um equivalente americano Son in Service, que indica um filho servindo nas Forças Armadas além-mar.

PROPAGANDA DE GUERRA » Folhetos e impressos de origem canadense, britânica e francesa foram produzidos especialmente para o Brasil. Atuar no campo de batalha da opinião pública internacional era sempre necessário, criando disposição para que se apoiasse o esforço Aliado. Essas publicações procuravam destacar a capacidade industrial e militar, além dos recursos e resistência moral das populações de cada país, o que se provou verdadeiro após a vitória sobre a Alemanha nazista – os Aliados venceram com base em sua superioridade em vários campos que influenciavam o desempenho militar, especialmente a produção de armamento e a crença de que combatiam para sobrepujar um inimigo capaz de agressividade e violência até então desconhecidas na história das guerras.

A BATALHA DA PRODUÇÃO

CARNEIRADA... por HOWARD SPRING

TADE VENCER

FORÇAS FRANCESAS LIVRES

TÍTULOS E BÔNUS » Guerras custam caríssimo, ao ponto em que uma estratégia comumente utilizada é fazer o inimigo exaurir seus recursos econômicos. O governo brasileiro adotou a prática de oferecer bônus que podiam ser comprados para custear as despesas com a Defesa Nacional, com possibilidade de resgate após a cessação das hostilidades. Associações de caráter trabalhista também emitiram seus próprios títulos, como mostra o exemplar de pensionistas do setor de transportes.

CANECAS COMEMORATIVAS » Uma longa tradição comercial, cultural e estratégica vinculava o Brasil ao Reino Unido, e voluntários brasileiros serviram na Royal Air Force (RAF) e em outras forças britânicas. Estas canecas, produzidas pela célebre fábrica de cerâmicas Pedro II, do Rio de Janeiro, exaltam os feitos da Batalha da Inglaterra e o primeiro-ministro Winston Churchill. Apesar de todo o esforço alemão em se aproximar de nosso país, a França e o Reino Unido, por seus laços culturais, puderam contar com mais apoio da população brasileira para a causa Aliada.

FRATERNIDADE DO FOLE » Originada na Argentina em 1940 e estabelecida no Brasil no mesmo ano, o intuito da Fraternidade era financiar aeronaves para a Royal Air Force por meio da venda de broches metálicos que conduziam os participantes a escalar a hierarquia da organização de acordo com suas doações. Estas eram baseadas na quantidade de aviões alemães abatidos e os ganhos eram então enviados ao Tesouro Britânico e ao Ministério da Produção Aeronáutica. As atividades se articulavam a partir das embaixadas e dos clubes ingleses existentes em várias cidades das Américas, da Ásia, da África e das colônias britânicas. A partir da entrada do Brasil na guerra, o destino das doações passou a ser dividido entre a RAF e a Força Aérea Brasileira. Vários aviões britânicos adquiridos por esse singular método de financiamento foram nomeados com alusões ao Brasil. A filiação à Fraternidade do Fole chegou à casa da centena de milhar no país.

Diploma

A Todos Que Possa Interessar:

Os Manipuladores Do Fole Declaram Pelo Presente Diploma Que

Julio Cirio

Felobelista Nº 00094

Tendo Acompanhado Fielmente As Façanhas da R.A.F. Na Destruição De

10.000 Aviões do Eixo

Foi Investido Com

A ORDEM DO FOLE

Com Todos Os Direitos e Privilégios Aerodinamicos Da Ordem

Pelos Manipuladores do Fole:

Generoso Ciclone
Presidente

Alísio Temporal
Secretario

MAIS FORÇA AEREA

CARTEIRA DE FILIAÇÃO » Esta *tessera* do Fasci Italiani all'Estero, uma carteira de filiação à seção do Rio de Janeiro do Partido Fascista italiano, é datada de 1928. As atividades nazifascistas no Brasil antecederam a eclosão da guerra, chegando a um nível elaborado de estruturação. Essas organizações políticas promoviam encontros, desfiles e confraternizações, provando-se extremamente populares, dado o grande número de veteranos alemães e italianos da Primeira Guerra

Mundial que haviam imigrado. A proposta de alteração radical da sociedade por meio da violência seduziu amplamente veteranos da guerra de 1914-18, que compuseram os embriões dos grandes partidos de massa na Europa a partir da década de 1930. Os órgãos de polícia política do Estado Novo começaram a voltar sua atenção para essas organizações no fim dos anos 1930 e, em princípios dos 1940, elas já haviam sido reprimidas de forma eficaz.

CAPÍTULO 3

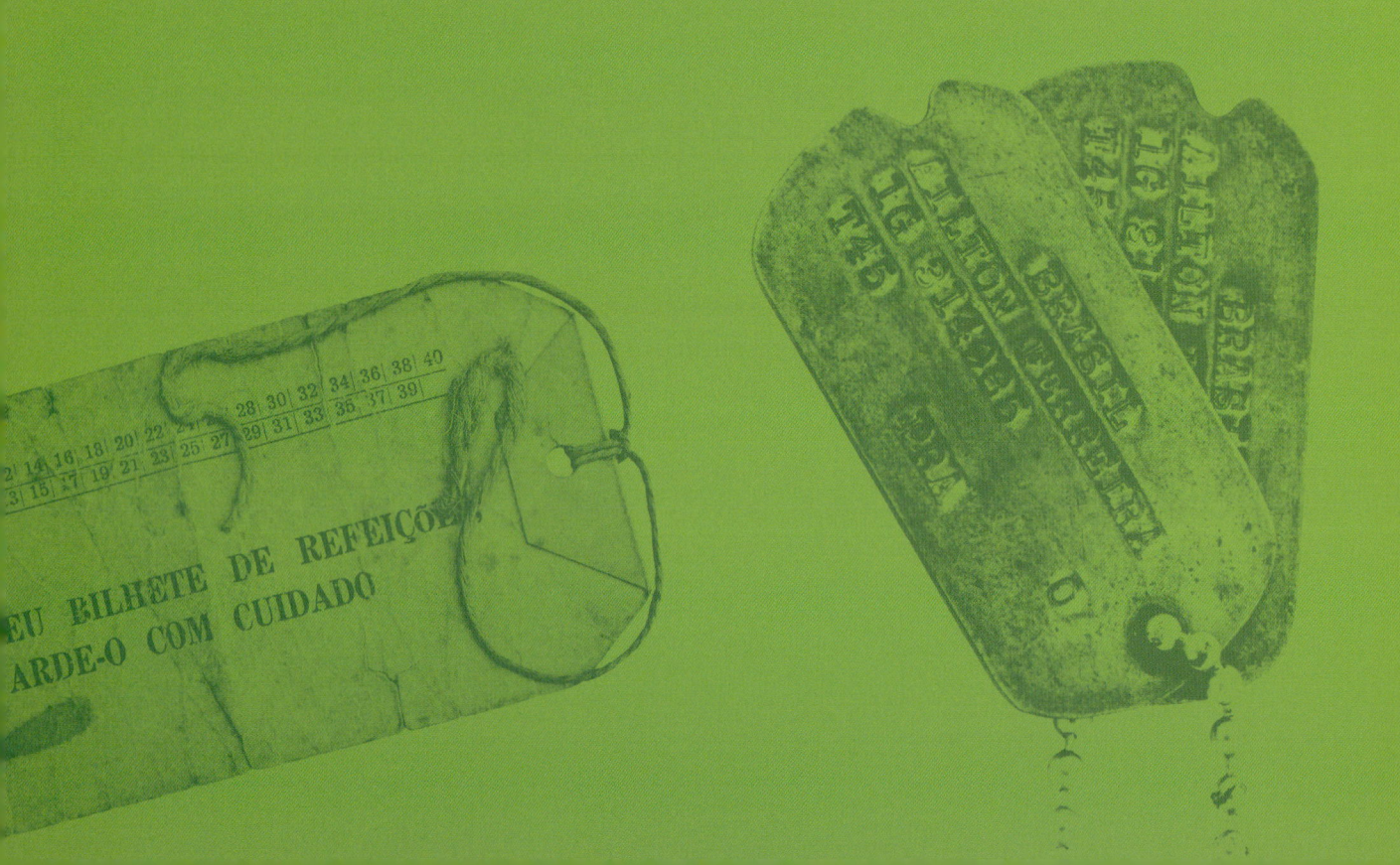

VIAGEM AO ALÉM-MAR

MOCHILA » Nos meses de abril e maio, os preparativos para o envio da divisão se aceleraram; as últimas lacunas eram preenchidas nas unidades, a tropa se concentrava no Rio de Janeiro desde março e os novos equipamentos começavam a chegar, como esta mochila de lona fabricada no Brasil a partir do modelo americano de 1928. Esta peça equipava os expedicionários de Infantaria, Engenharia e do Batalhão de Saúde.

DESFILE » 1ª Divisão de Infantaria Expedicionária no Rio de Janeiro, em 24 de maio de 1944.

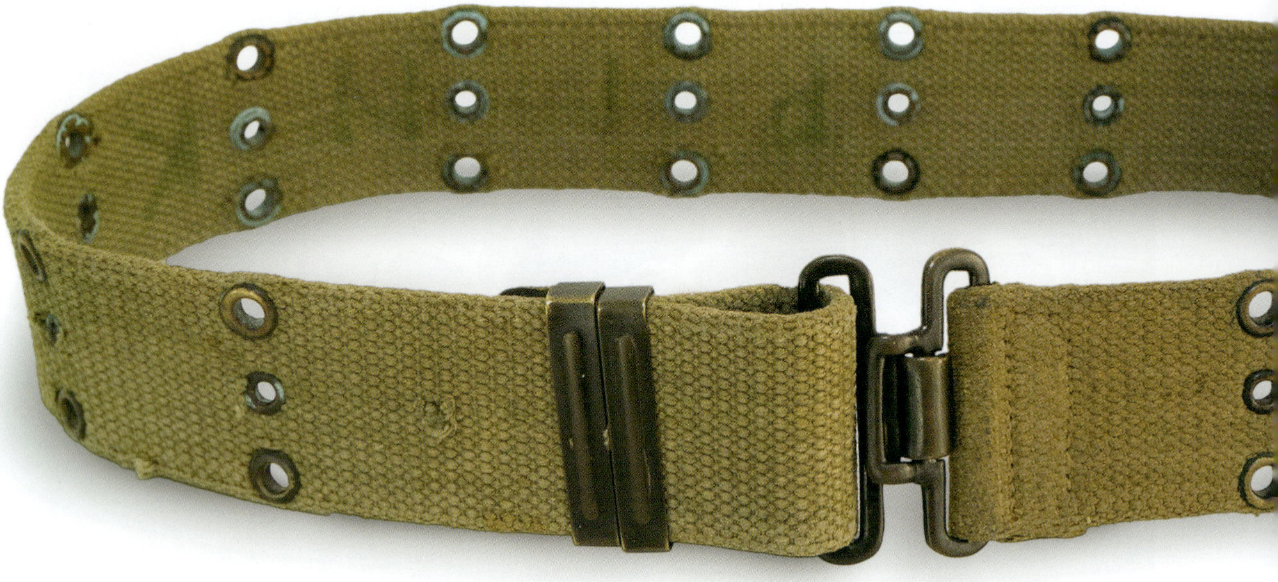

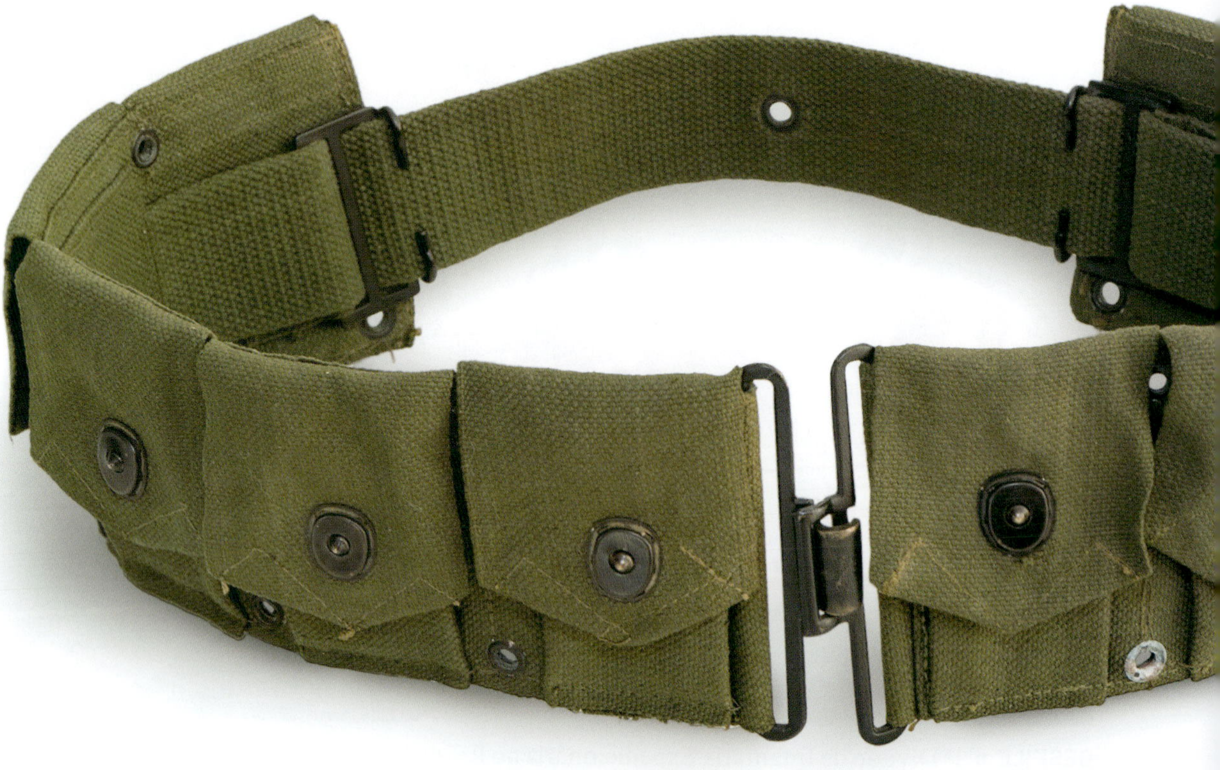

CINTO SIMPLES » Introduzido em 1944, este cinto fazia parte do equipamento NA (abreviação de "norte-americano"). Os ilhoses serviam para o engate de várias combinações de equipamento, dependendo do posto e função do combatente, e o botão de pressão era usado para o encaixe de um estojo para carregador de pistola. A criação da FEB exigiu a introdução de centenas de novos itens que não existiam nos estoques do Exército Brasileiro, como estojos de higiene pessoal, placas de identificação, uniformes de inverno, novos tipos de equipamento individual, barracas para vários soldados, calçados mais resistentes e robustas malas de viagem. Este cinto é um exemplo de material de excelência produzido para a expedição: fortes ferragens e lona de notável qualidade. Outros itens, produzidos às pressas, nem sempre eram fabricados com a robustez necessária para aguentar o uso exaustivo em campo.

CINTO CARTUCHEIRA » O antigo material de lona do padrão Mills foi deixado em favor de um novo equipamento designado tipo NA. Era uma cópia bastante próxima do padrão utilizado pelo Exército dos Estados Unidos e foi adotado com o intuito de assemelhar nossa tropa a uma força mais moderna. Este cinto cartucheira desmontável comportava cem cartuchos do fuzil Springfield M1903, ou oitenta cartuchos do M1 Garand.

CANTIL » Cada expedicionário recebeu um cantil com capacidade de um litro. O estojo de lona continha também um caneco de alumínio. Era um modelo mais moderno do que o até então usado no Brasil, porém a tampa de rolha sinalizava que o país ainda não dispunha de capacidade industrial.

BORNAL » Com correia para transporte a tiracolo, foi distribuído a oficiais de todas as armas e a praças de Artilharia e Cavalaria. Cópia do modelo americano de 1936, foi fabricado no Brasil como parte do equipamento tipo NA. Era um item de menor capacidade do que a mochila usada pelos infantes, apesar de ser mais prática e fácil de transportar. A FEB agora estava fardada e equipada, mas só deveria receber o armamento que viria a utilizar em combate após o desembarque no teatro de operações, onde teria sua instrução finalizada junto ao Exército dos Estados Unidos.

DOG TAG » Ao receberem suas placas de identificação, os soldados tiveram um sinal claro de que a partida para a guerra se aproximava. Cópias idênticas do modelo usado pelos americanos, as plaquetas eram fornecidas imediatamente antes do embarque no cais do porto do Rio de Janeiro. Cada par trazia nome, nacionalidade, número de matrícula no Exército, ano da vacinação antitetânica, tipo sanguíneo e graduação do combatente. No caso de morte, uma das placas seria afixada ao marcador da sepultura e outra permaneceria junto ao corpo. Os acordos de criação da FEB estabelecidos em parceria com o Exército Americano previam que estas placas, o equipamento individual, os uniformes e a alimentação dos expedicionários seriam de responsabilidade do Brasil.

GENERAL DUTRA » O ministro da Guerra cumprimenta o segundo-sargento Eugenio Antonio Chester no momento de seu embarque no navio-transporte americano AP-112 *General Mann*.

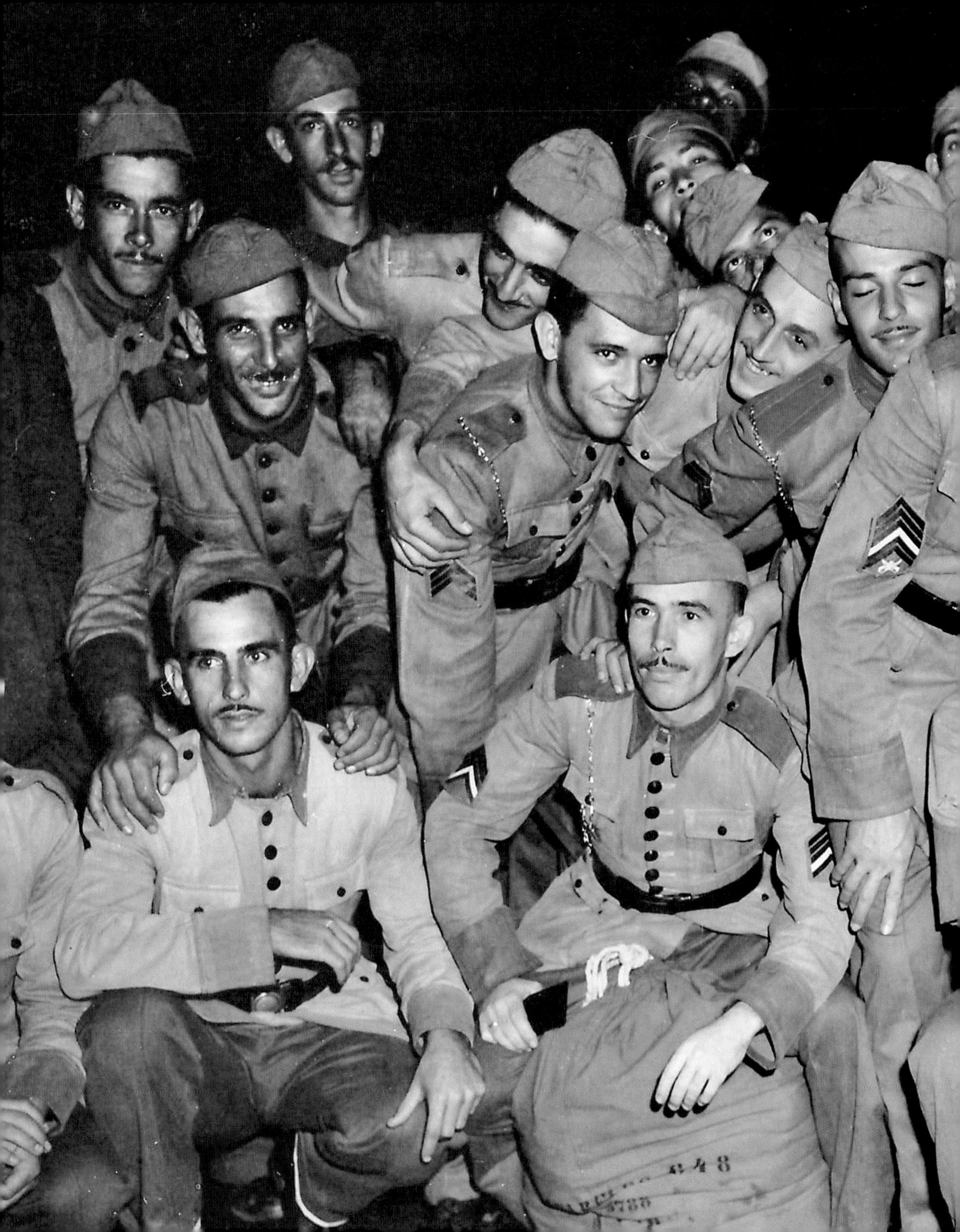

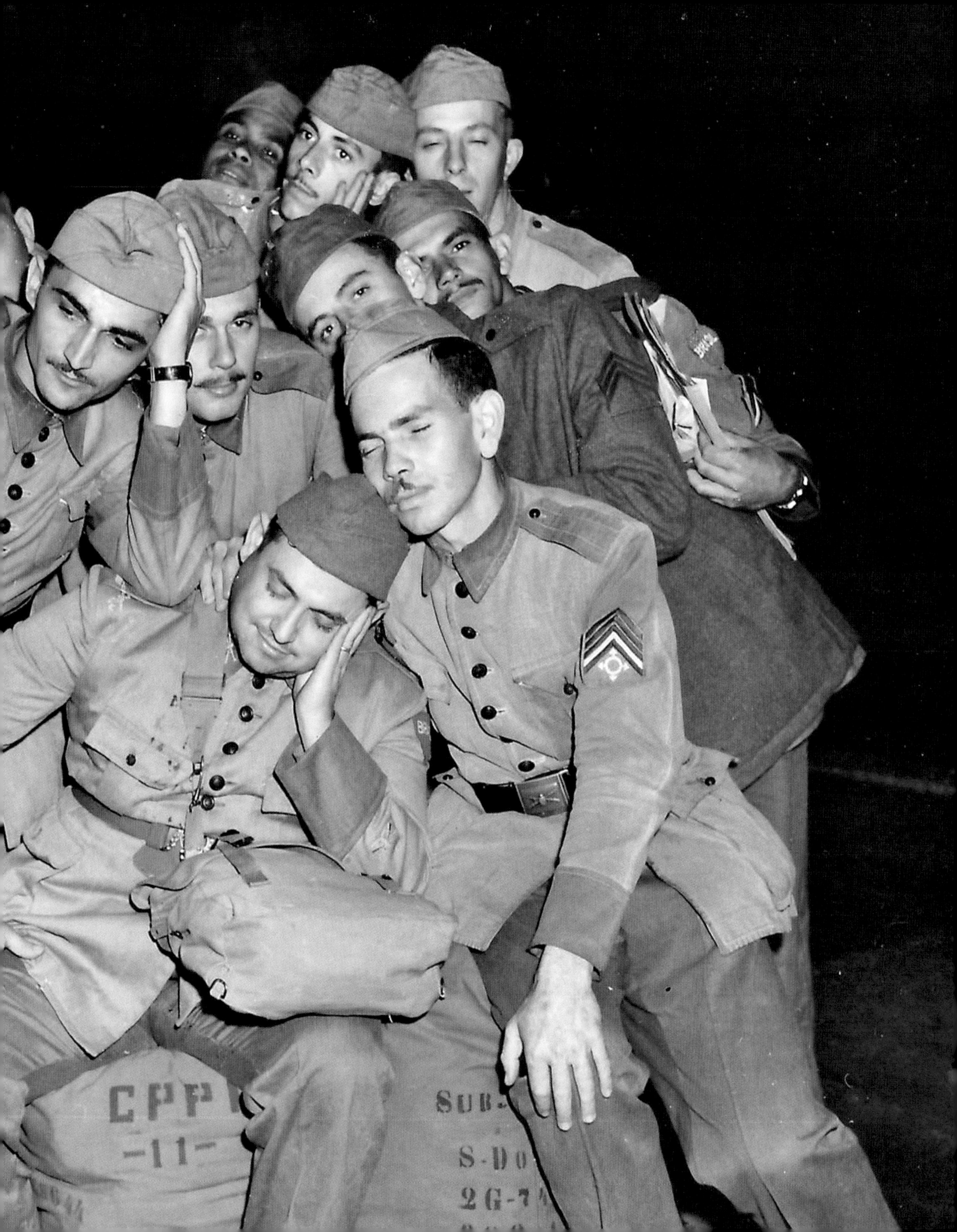
CPP
-11-
SUB
S-DO
2G-7

MANUAL DE SOBREVIVÊNCIA » Este manual foi distribuído a cada expedicionário embarcado nos navios de transporte das marinhas americana e brasileira. O título singelo é um lembrete da sombria possibilidade de torpedeamento e o conteúdo instrui como sobreviver na condição de náufrago. Felizmente, o sistema de escolta em comboio preveniu os ataques dos U-*boats* (submarinos) da Kriegsmarine (Marinha de Guerra da Alemanha), que já havia perdido muito de seu poder de combate no oceano Atlântico em 1944.

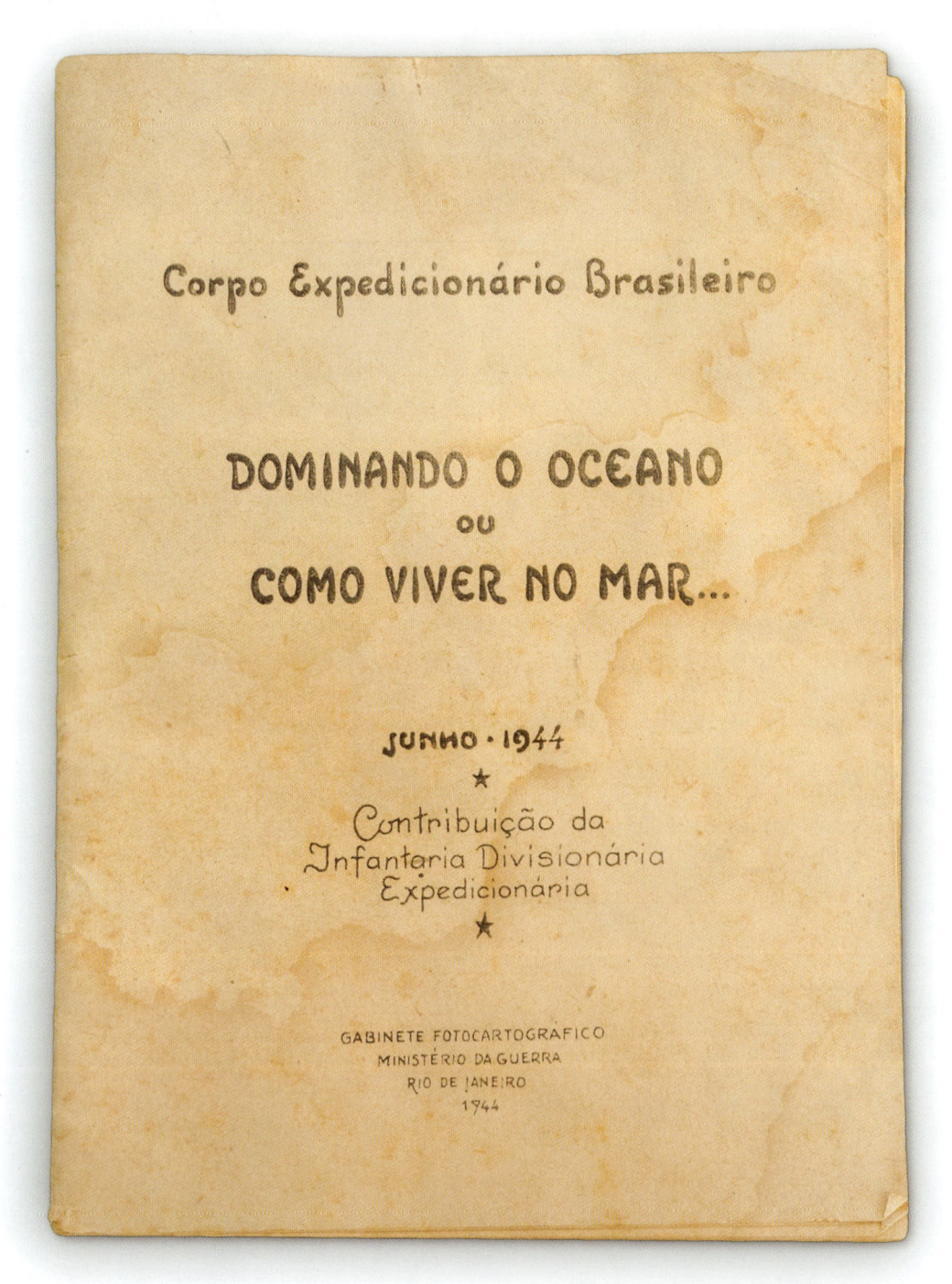

Corpo Expedicionário Brasileiro

DOMINANDO O OCEANO
ou
COMO VIVER NO MAR...

JUNHO • 1944
★
Contribuição da
Infantaria Divisionária
Expedicionária
★

GABINETE FOTOCARTOGRAFICO
MINISTÉRIO DA GUERRA
RIO DE JANEIRO
1944

CARTÃO DE IDENTIFICAÇÃO PESSOAL » Usado para circulação no navio-transporte americano, este documento era de uso obrigatório durante toda a viagem, que, em média, se estendia por duas semanas, desde o cais do Rio de Janeiro até o porto de Nápoles. O cartão informava qual dos compartimentos o expedicionário deveria ocupar, junto com centenas de outros companheiros, por vezes bem abaixo da linha-d'água do navio. Além da identificação, o cartão também servia ao propósito de controlar o acesso aos refeitórios. Já nos navios, os brasileiros tinham a primeira oportunidade de experimentar a alimentação americana, que seria combinada com gêneros brasileiros após o desembarque na Itália.

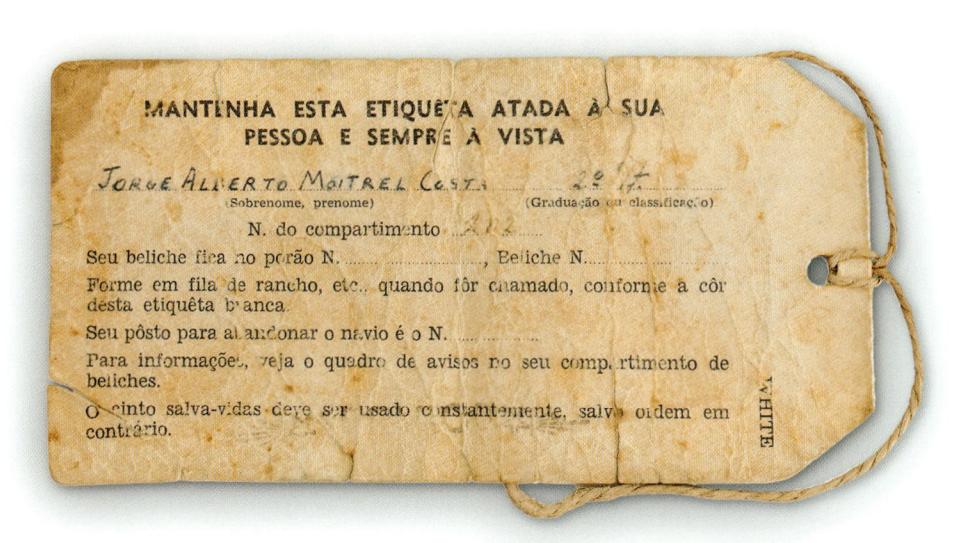

CAPÍTULO 4

A CHEGADA À EUROPA E MAIS TREINAMENTO

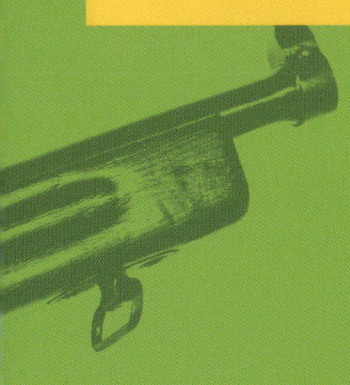

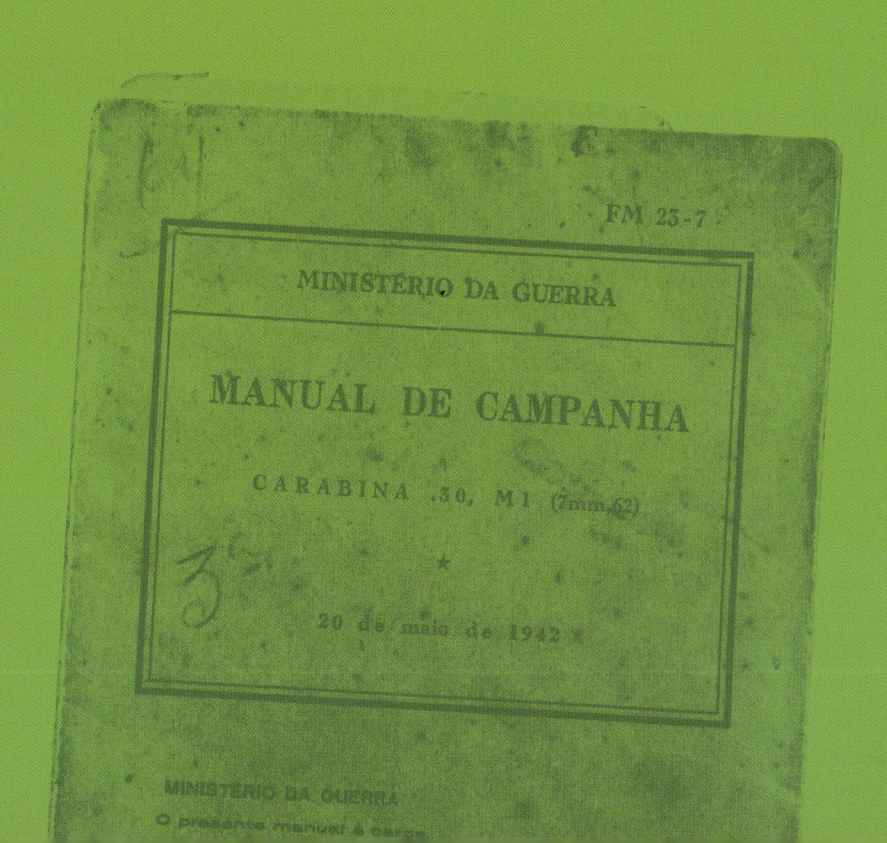

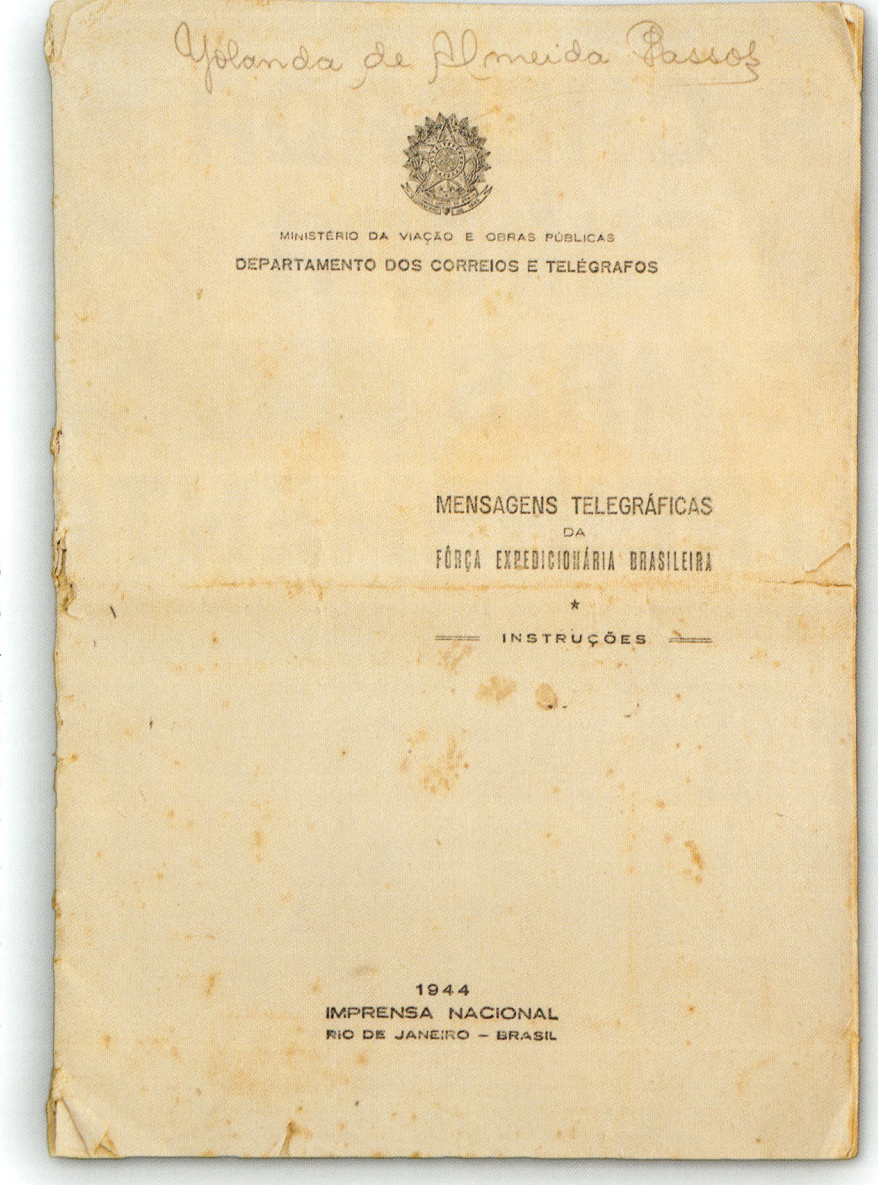

MANUAL DE CÓDIGOS » Contato com o lar é fundamental para todo soldado que parte para combater em uma guerra distante. Este breve manual trazia uma série de códigos equivalentes a frases que podiam ser enviadas por meio telegráfico, permitindo dessa forma que o soldado recebesse notícias de casa desde sua chegada no teatro de operações. O serviço postal nem sempre funcionava a contento, aconteciam muitos atrasos nas cartas e extravio de encomendas trocadas entre Brasil e Itália.

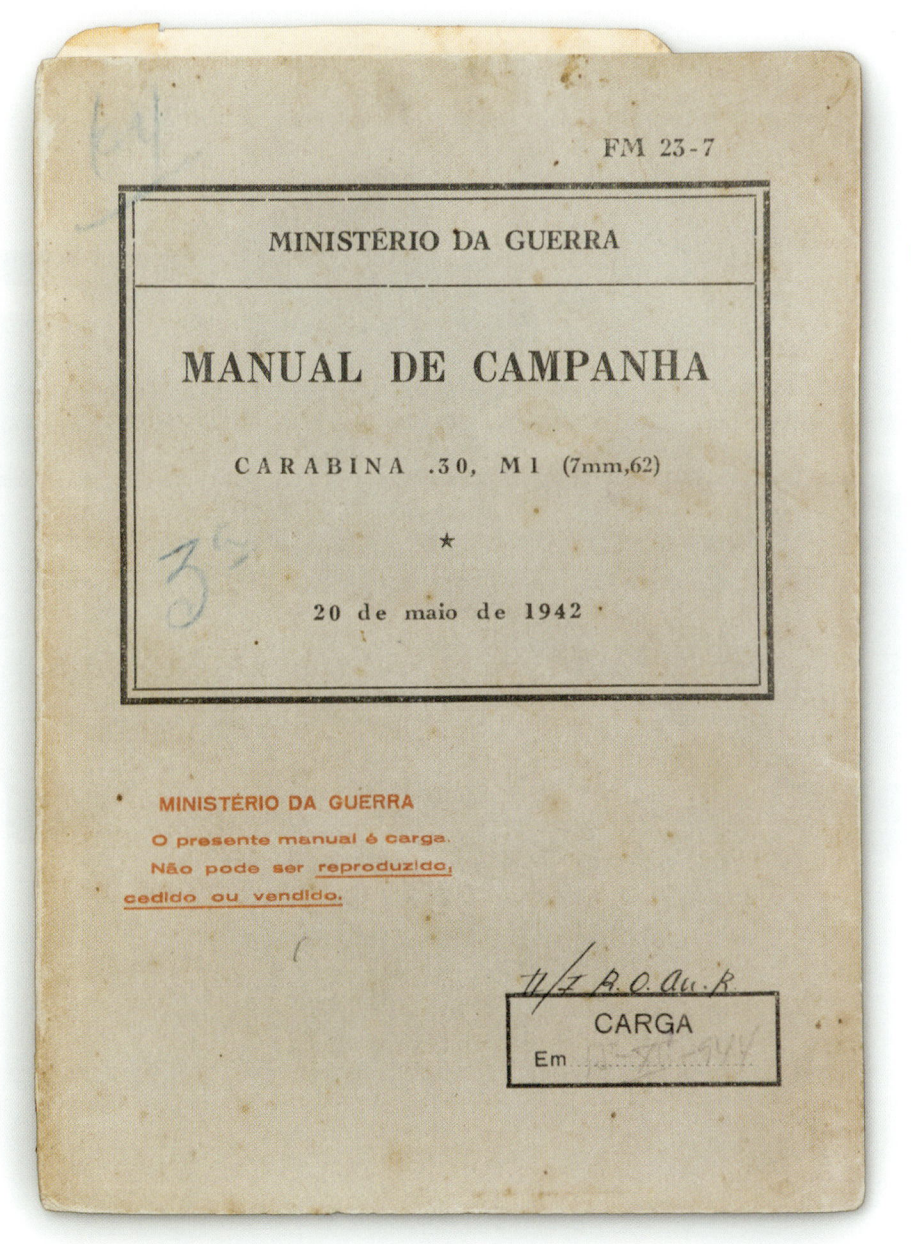

MANUAL DE CAMPANHA » Para que a FEB pudesse combater ao lado do Exército Americano, seu treinamento e organização precisaram ser adaptados. Centenas de manuais de campanha foram traduzidos e impressos no Brasil em caráter emergencial, reproduzindo fielmente o conteúdo dos originais em inglês. Antes da guerra, o Exército Brasileiro havia sido instruído por oficiais franceses, mas o conhecimento nem sempre era transmitido de modo homogêneo e, por isso, havia unidades em condições diferentes de preparação. Mesmo com todos os conhecimentos técnicos disponíveis nos manuais, as publicações às vezes demoravam para serem entregues às unidades que embarcavam para a guerra, ocasionando a necessidade de treinamento adicional assim que os brasileiros desembarcavam na Itália.

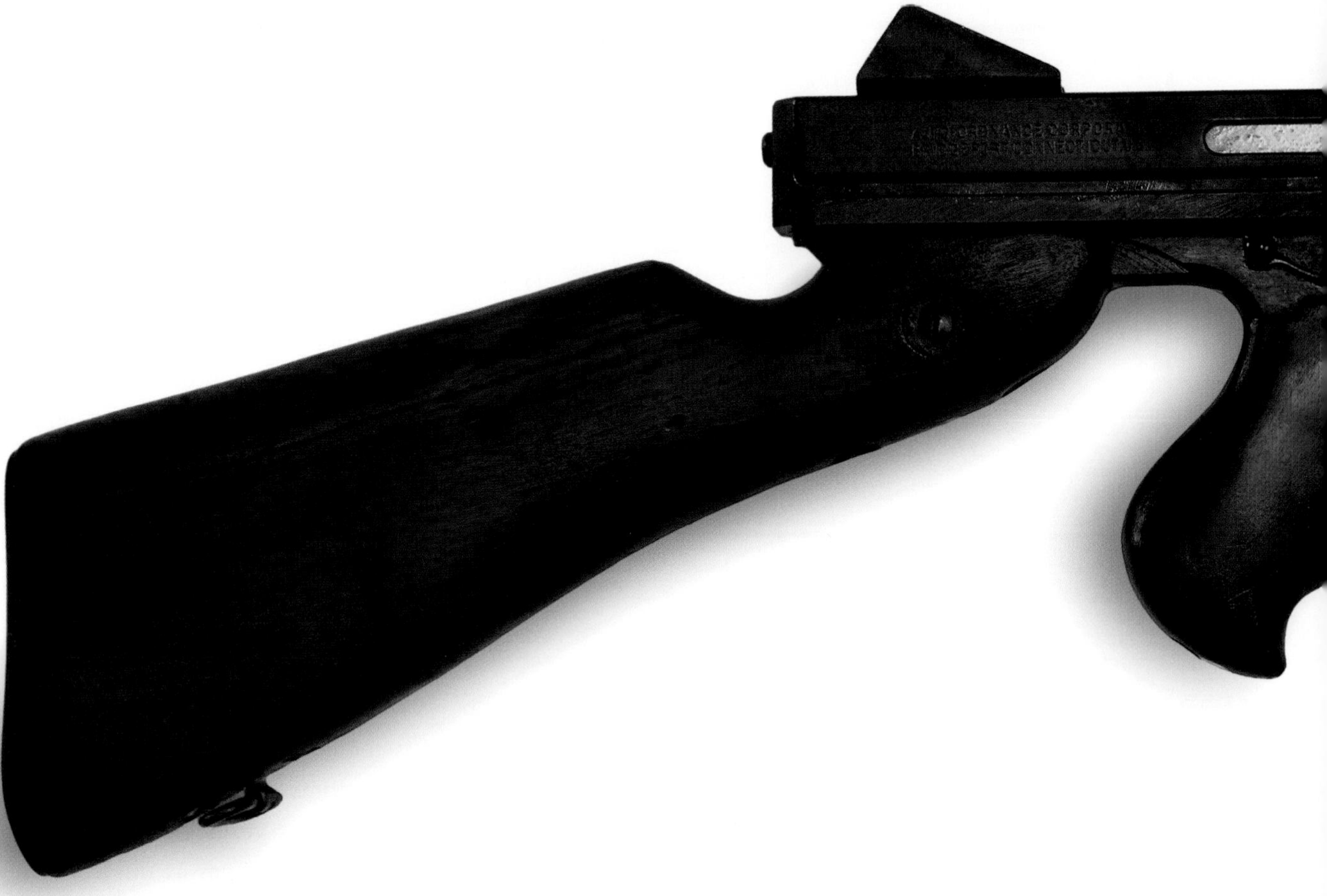

SUBMETRALHADORA THOMPSON » Em agosto de 1944, após o desembarque, a tropa brasileira passou a receber armamento e equipamento americano. Esta submetralhadora Thompson, modelo M1A1, era distribuída em pequenas quantidades ao comando de cada companhia de fuzileiros para uso em missões como patrulhas e ataques. Era uma das armas mais desejadas para o combate aproximado.

INSTRUÇÃO » O 6º Regimento de Infantaria, na localidade de Vada, em agosto de 1944, recebe instruções para operar uma metralhadora pesada Browning calibre .30, modelo 1917 A1, refrigerada a água, que podia disparar em parábola, cumprindo missões ofensivas e defensivas em apoio à Infantaria.

CAMUFLAGEM » Ilustração de orientação para camuflagem em manual americano, traduzido pelo Exército Brasileiro. As técnicas de dissimulação da Primeira Guerra foram aperfeiçoadas, e as pinturas de padrões ópticos dificultavam o cérebro a distinguir o uniforme do fundo.

MANUAL DE TRÁFEGO » A FEB embarcou para a Itália em cinco escalões diferentes. O 1º Escalão de Embarque consistia principalmente no 6º Regimento de Infantaria, oriundo de Caçapava, São Paulo, e no dia 25 de agosto de 1944 os primeiros brasileiros chegados à Itália foram oficialmente incorporados ao 5º Exército Americano, formado por várias divisões Blindadas e de Artilharia que contavam com soldados dos Estados Unidos, África do Sul, Reino Unido, Itália e França. No momento da chegada, o 7º Exército Americano invadia a Provença, desfalcando as tropas Aliadas na Itália em várias divisões experientes, incluindo as francesas. Assim, o general Mark Wayne Clark, comandante do 5º Exército, pôde contar com o reforço da tropa brasileira, em uma fase da guerra em que a frente italiana sofria com o desvio de recursos para outros teatros de operações onde a progressão Aliada se desenvolvia de modo mais ágil. Mesmo com valor de combate desconhecido, a presença da FEB na Itália foi uma adição importante ao esforço de guerra naquele teatro de operações. Este manual de tráfego bilíngue indica o alto grau de mecanização de um exército da guerra moderna, e o fato de que tenha sido impresso em português e inglês nos lembra de que o contingente brasileiro junto ao 5º Exército não era absolutamente uma "força simbólica". A vasta quantidade de veículos motorizados disponíveis aos Aliados oferecia vantagem relativa nas montanhas italianas, fator que justamente causava um alto número de baixas e dificuldades nas operações ofensivas.

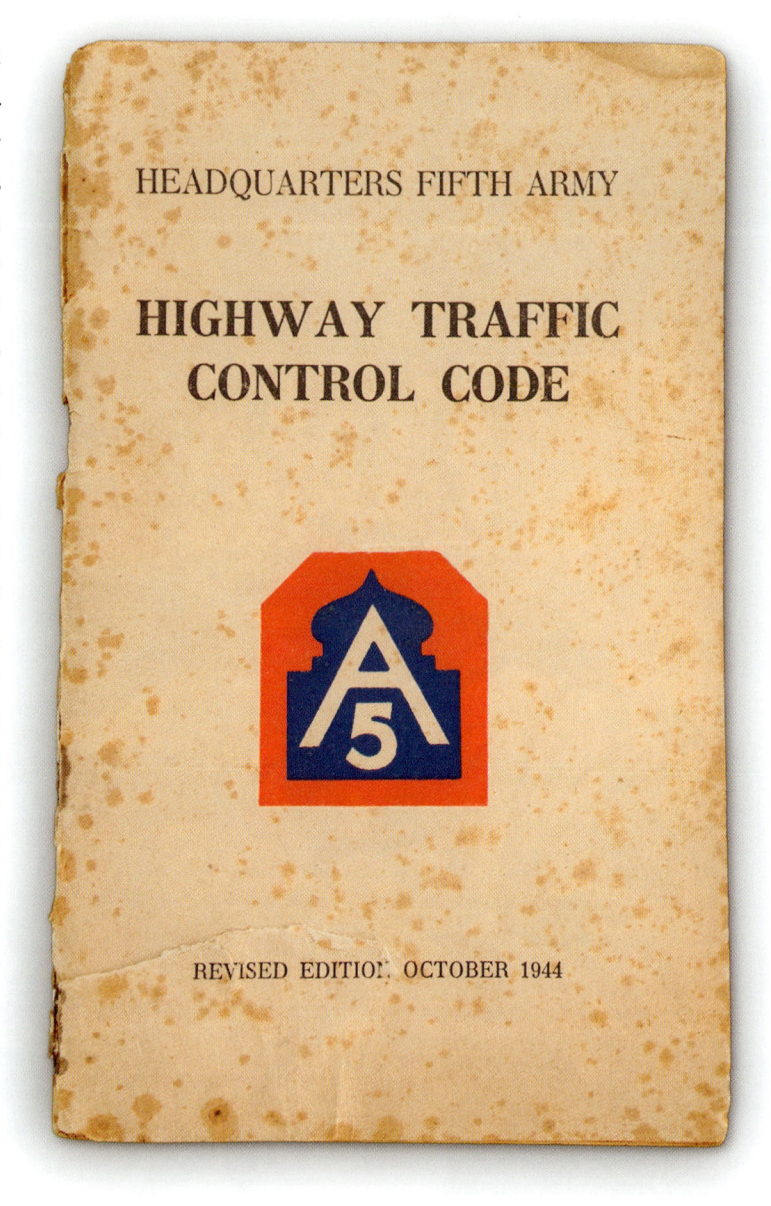

EMBARQUE DE TROPA » Enquanto o 1º Escalão da FEB completava sua instrução e entrava em ação em setembro de 1944, os 2º e 3º Escalões partiam do Rio de Janeiro. Formados principalmente pelo 1º Regimento de Infantaria, da então capital federal, e pelo 11º Regimento de Infantaria, de São João del-Rey, Minas Gerais, esses escalões integraram a 1ª Divisão de Infantaria Expedicionária (DIE), sob o comando do general de divisão João Batista Mascarenhas de Moraes. Unidades de Artilharia, Saúde, Transmissões, Manutenção, Engenharia, Cavalaria e Intendência também faziam parte de uma divisão de Infantaria. No fim de 1944, a DIE em sua íntegra seria então enviada para o vale do rio Reno, nos Apeninos, ao sul da cidade de Bolonha, onde enfrentaria um rigoroso inverno e alguns de seus combates mais violentos. A foto foi feita no porto do Rio de Janeiro, no dia 22 de setembro de 1944, data do embarque dos dois escalões remanescentes. Escalões adicionais de tropa seguiram para a Itália em novembro de 1944 e em fevereiro de 1945, assim como elementos avulsos embarcados por via aérea para cumprir diversas funções na totalidade da FEB, agora composta pela Divisão de Infantaria e dezenas de unidades de apoio – desde serviço bancário, de recreação, agências postais e seus próprios agentes de imprensa.

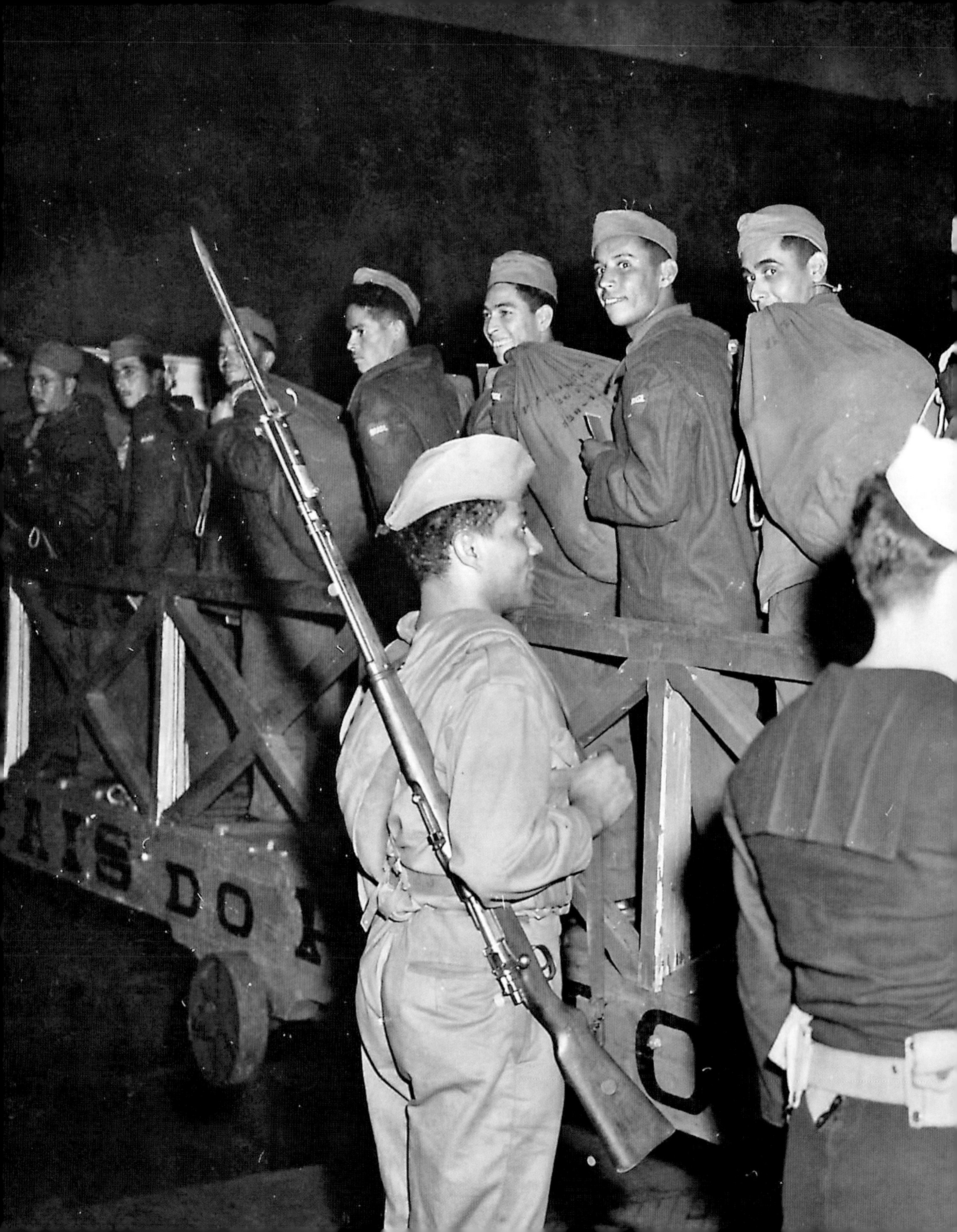

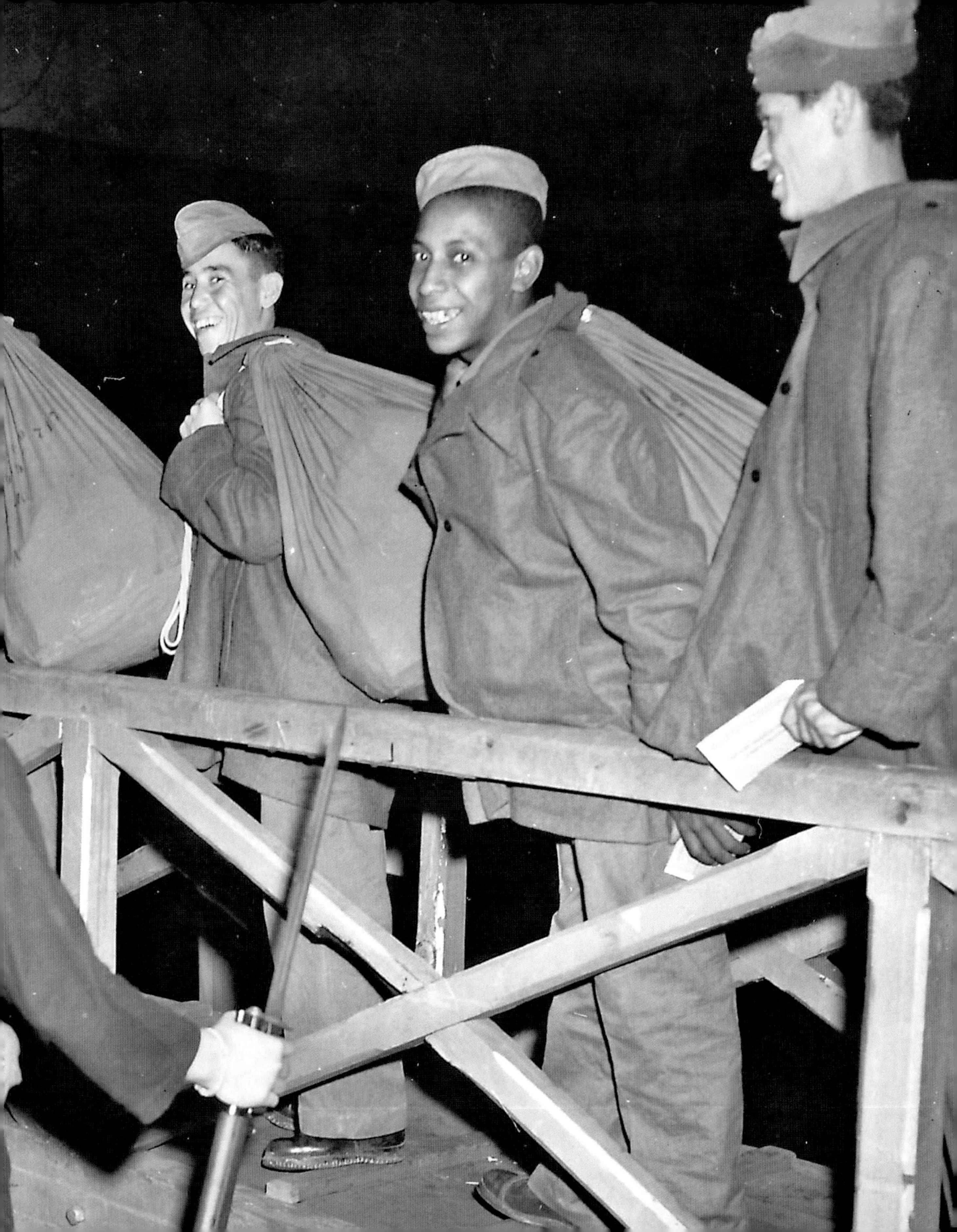

CAPÍTULO 5

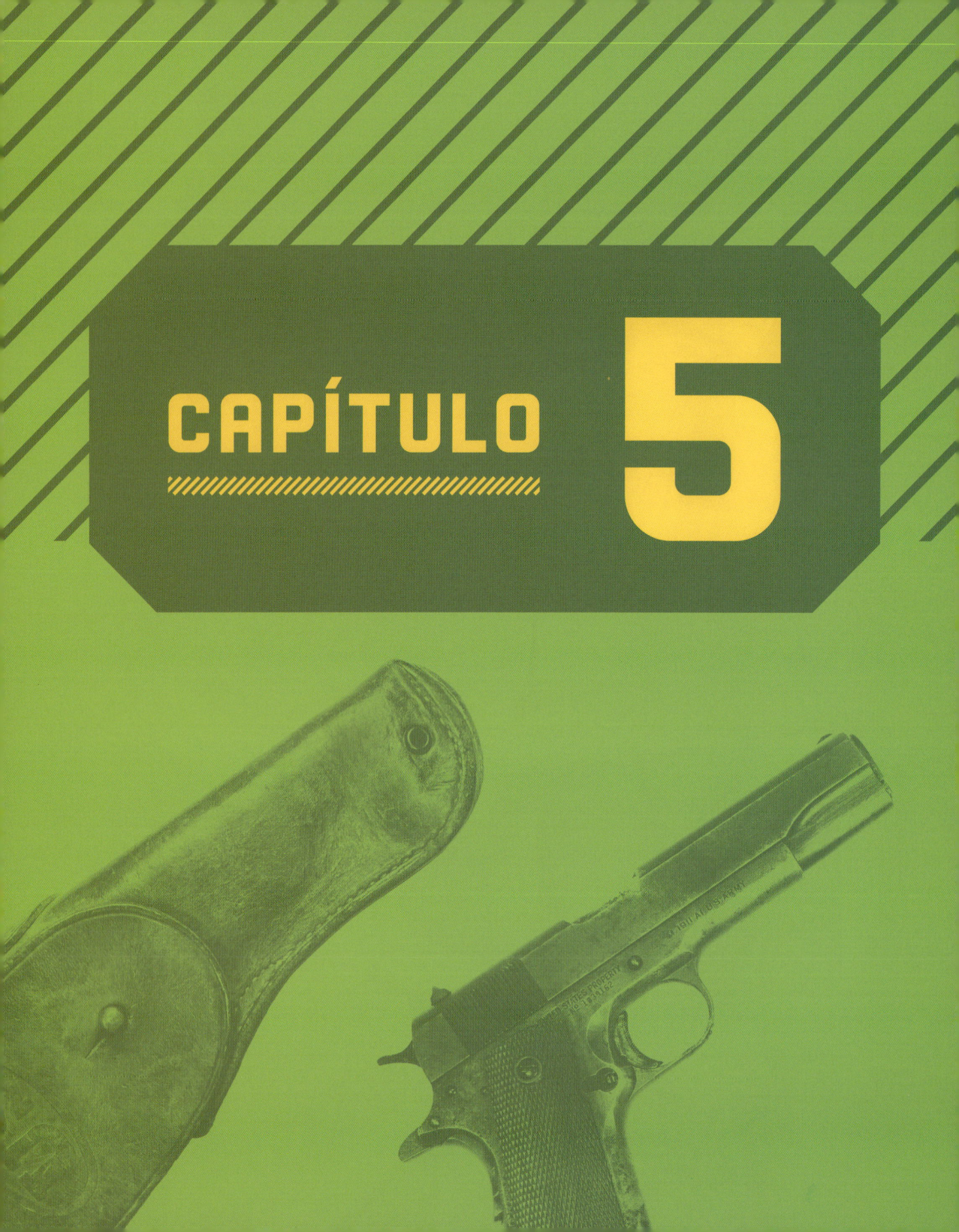

ENTRANDO EM COMBATE

PENTES DE MUNIÇÃO » O poderosíssimo calibre .30-06 adotado pelos Estados Unidos desde 1906 era calçado pelos fuzis e metralhadoras da Infantaria. À esquerda, o clipe metálico de oito cartuchos do fuzil semiautomático M1 Garand, que equipou cerca de 20% dos pelotões de fuzileiros da FEB. Ao lado dele, um carregador de cinco cartuchos para o fuzil Springfield M1903, arma empregada pelo combatente brasileiro de forma mais generalizada. Questões logísticas impediram que toda a FEB fosse armada com o M1 Garand, fuzil introduzido em 1936 no Exército Americano que, pela rapidez de seus tiros e maior capacidade, oferecia vantagens no combate.

PISTOLA » Este modelo 1911 A1 calibre .45 ACP é um dos mais representativos itens da Segunda Guerra Mundial. Era empenhado a oficiais de forma generalizada, assim como a praças de guarnições de armas, que também recebiam morteiros e metralhadoras pesadas. Várias empresas de armamento americanas foram responsáveis pela produção deste robustíssimo desenho concluído por John Browning em 1911. A pistola 1911 A1 foi um dos mais bem-sucedidos projetos de toda a história das armas leves, tendo permanecido em serviço nos Estados Unidos até 1986. Este exemplar data de 1944 e foi fabricado pela Ithaca, de Nova York.

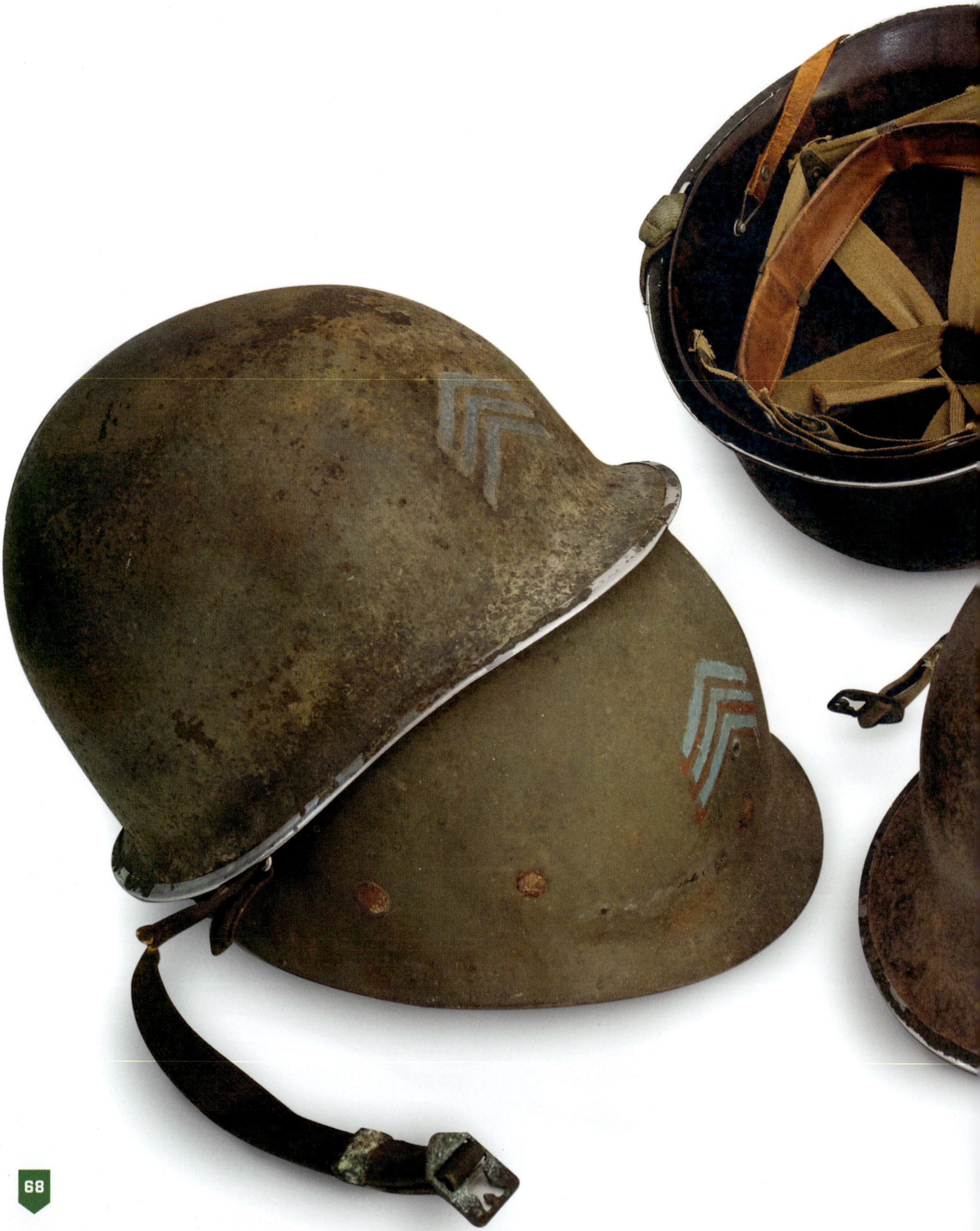

CAPACETES » O modelo M1, de fabricação americana, era feito de aço e fibra. Sua função era principalmente a de proteger contra detritos arremessados pelo deslocamento de ar das explosões de granadas. A capacidade de deflexão balística do capacete de aço era relativa, sendo apenas suficiente para suportar o impacto de pequenos estilhaços projetados com menor força. Muito raramente o capacete podia desviar a trajetória de um projétil inimigo, dependendo do ângulo de penetração. Tiros diretos e estilhaços provenientes de explosões muito próximas atravessavam a peça com facilidade. Ainda assim, muitas vidas foram salvas, uma vez que até mesmo um fragmento de granada de menor dimensão bastaria para ferir com gravidade um soldado desprotegido. O capacete interno, de leve fibra de tecido embebida em resina plástica, podia ser desencaixado, fazendo com que a concha de aço fosse ocasionalmente utilizada como um recipiente para a higiene pessoal na linha de frente. Os capacetes à esquerda estão obscurecidos com lama e tinta de camuflagem, aplicadas por soldados brasileiros com o intuito de torná-los menos visíveis perante as posições do inimigo.

BIBICO » Exemplar de lã verde-oliva, usado na campanha da Itália por um combatente do 6º Regimento de Infantaria. O uso sob o sol e o desbotamento por lavagem alteravam a cor dos uniformes nacionais, deixando-os com tom acinzentado bastante similar ao dos uniformes do Exército Alemão.

RELIGIÃO » Um dos clichês sobre a experiência do combatente prega que "na linha de frente não existem ateus". Seja pela premência de sua situação, seja por convicção, a fé religiosa foi uma constante entre os soldados da FEB. Cada batalhão dispunha de um capelão militar e os serviços religiosos eram observados com regularidade até mesmo nas posições mais avançadas e na véspera dos ataques. O Exército fornecia manuais de cânticos e orações aos expedicionários, destacando trechos bíblicos e hinos que pudessem oferecer consolo para a complexa condição dos seres humanos sujeitos às necessidades de matar e morrer em combate. As medalhas religiosas e crucifixos eram itens amplamente carregados entre os pertences pessoais dos soldados.

ALIMENTAÇÃO » Acima, o estojo de lona, talheres e marmita do modelo americano adotado em 1944. A alimentação do combatente da FEB era fornecida tanto pelo governo brasileiro quanto pelos estoques da Intendência Americana, possibilitando um valor nutricional e calórico até então desconhecido pela tropa. Antes da guerra, as refeições do Exército Brasileiro eram de baixíssima qualidade, servidas em refeitórios precários, sob condições de higiene inadequadas. Entre os veteranos, são comuns relatos sobre o modo como o feijão bichado e a carne-seca em decomposição foram, a partir do momento de entrada no navio de transporte, substituídos por frutas, sucos, bolos, carnes de diversos tipos, doces, sopas, pães, conservas e massas. A campanha no exterior obrigou o Exército Brasileiro a adequar a qualidade da comida servida às necessidades de uma guerra. Soldado que come mal não consegue combater, uma verdade básica dos conflitos modernos só não compreendida por forças de baixíssimo grau de profissionalização. A ração militar era principalmente de três tipos: fresca, servida nas áreas de retaguarda e proximidade do combate; enlatada, entregues nas posições da linha de frente; e encaixotada em pequenos volumes, para as ações de combate, patrulhas e ataques.

ALIMENTAÇÃO » Soldados do 6º Regimento de Infantaria em pausa para alimentação com ração C, enlatada, no outono de 1944, na região da Toscana, na Itália.

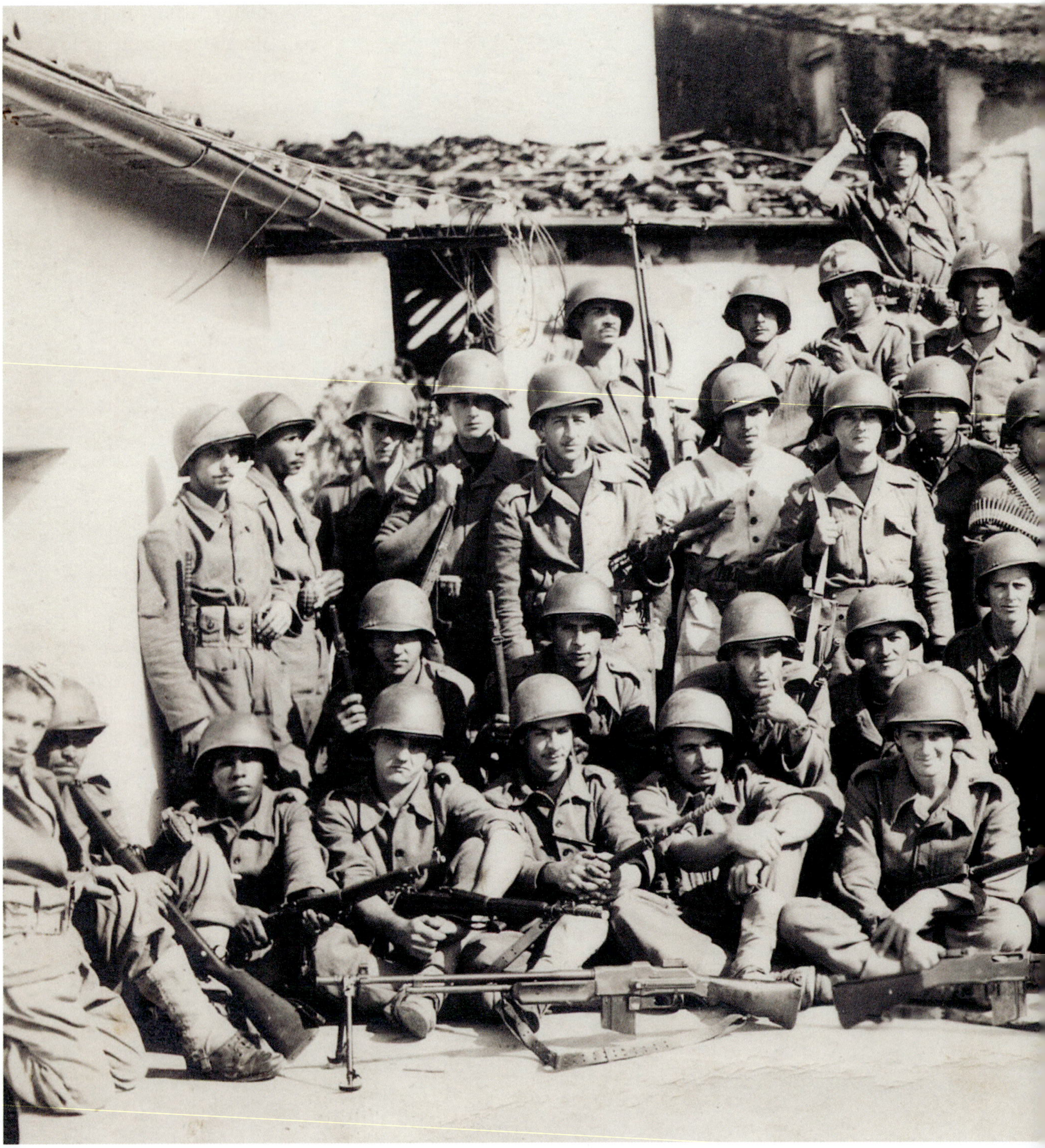

PELOTÃO DE FUZILEIROS DA FEB »
Cerca de quarenta homens eram comandados por um tenente e organizados em três grupos de combate, cada um sob a liderança de um sargento. As armas eram principalmente o fuzil Springfield M1903 e o fuzil-metralhadora Browning, de fogo automático, que era a base do sistema de combate das pequenas frações de Infantaria. Este pelotão, em foto de outubro de 1944 e sob o comando do primeiro-tenente José Gonçalves, pertenceu à 1ª Companhia de Fuzileiros, do 6º Regimento de Infantaria. Os dois garotos semiuniformizados exemplificam o típico adolescente italiano que acabava gravitando em torno dos soldados Aliados que ocupavam suas cidades e vilarejos.

CURATIVO INDIVIDUAL » O modelo Carlisle era fornecido a todo combatente da FEB. Uma vez aberto o invólucro metálico, o combatente ferido despejava um antisséptico em pó sobre a área afetada, que em seguida era coberta pela bandagem contida no interior do conjunto. Esta simples medida de primeiros socorros era útil para estancar sangramentos e evitar a contaminação do ferimento. A retirada do soldado para o sistema de triagem e atendimento evoluía desde o enfermeiro que acompanhava os pelotões até os padioleiros do Batalhão de Saúde, que se encarregavam de socorros mais elaborados e do transporte para os hospitais de campanha. Dada a eficácia dos procedimentos desde o momento em que um homem era atingido até a sua evacuação para um hospital, a esmagadora maioria dos feridos seria salva pelos médicos brasileiros e americanos – quase invariavelmente profissionais de alta competência, em muitos casos eram civis convocados e voluntários das melhores escolas de medicina do Brasil. Penicilina e plasma sanguíneo também foram responsáveis pelos altos índices de sucesso em tratar os feridos da FEB.

PADIOLEIROS » Equipe de padioleiros do 1º Batalhão de Saúde, em 1944. A evacuação para os hospitais da retaguarda era a função desta unidade. Havia equipes mais avançadas de paramédicos junto aos pelotões de fuzileiros que prestavam os socorros mais imediatos durante os episódios de combate.

CAPÍTULO 6

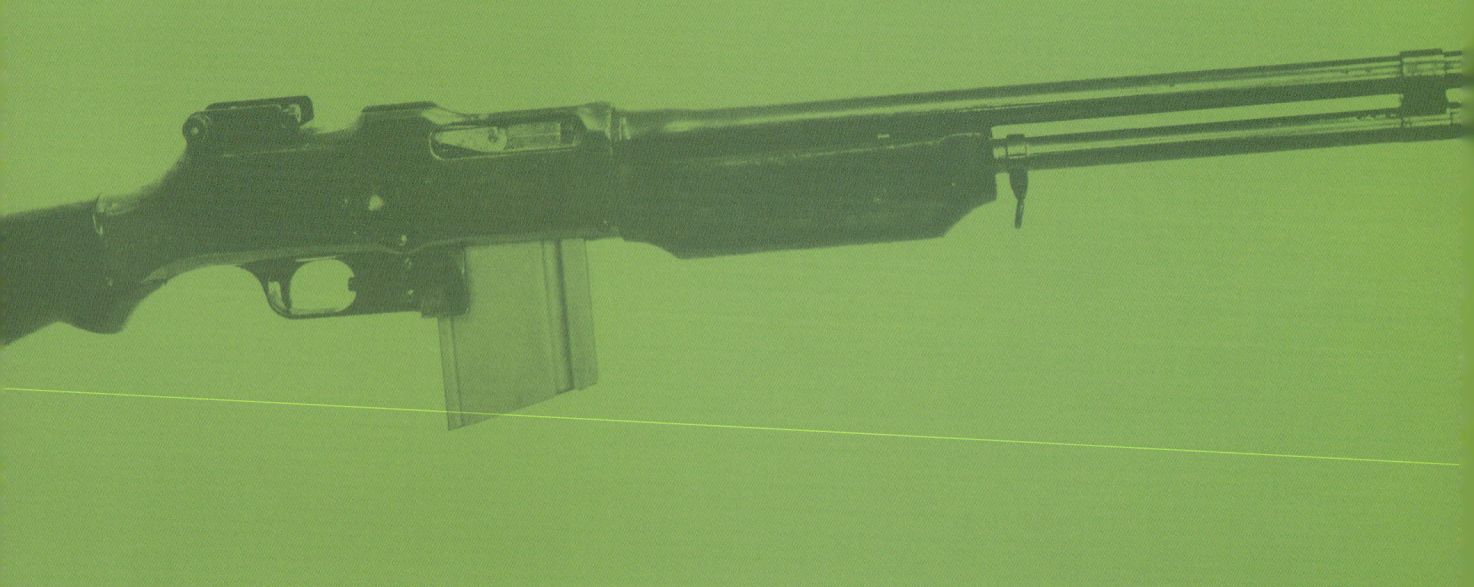

DENTRO DA TORMENTA

BAIONETA » Componente do fuzil Springfield M1903, esta baioneta com bainha de matéria plástica foi fabricada em 1942 a partir de um excedente da Primeira Guerra Mundial que foi encurtado e então reaproveitado. Apesar da vasta quantidade de armas de fogo ao alcance da mão, todos os exércitos mantiveram a baioneta como item do equipamento do soldado de Infantaria. Além de servir como ferramenta para o dia a dia nas posições do front, a baioneta encaixada ao fuzil exerce forte impacto psicológico no momento do ataque, por vezes fazendo com que o inimigo se rendesse quando suas posições eram assaltadas.

LANTERNA » À direita, lanterna americana modelo TL-122B. O trabalho não cessava à noite, e a iluminação das lanternas era útil para a leitura de cartas topográficas ou para a aplicação de curativo em um ferido.

10ª DIVISÃO DE MONTANHA » Em fins de 1944, o 5º Exército Americano recebeu reforço especializado: a 10ª Divisão de Montanha, unidade inovadora com treinamento especializado para escalada e atuação tática em áreas de terreno acidentado e de grande altitude. Essa divisão operou ao lado da FEB nos meses de janeiro a março de 1945, permitindo maior capacidade ofensiva sobre as elevações habilmente defendidas pelos alemães, cujas fortificações e planos de fogo potencializavam as vantagens da ocupação de terreno montanhosos. O Exército dos Estados Unidos era bem mais pródigo na concessão de condecorações do que o brasileiro. Além do distintivo da divisão ❶, a imagem mostra a Purple Heart ❷, medalha americana para os feridos em combate; a medalha de Boa Conduta ❸; o distintivo de Combate de Infantaria ❹; a medalha de Campanha na Europa ❺; a medalha Bronze Star ❻, concedida por feito em combate; a medalha da Vitória na Segunda Guerra Mundial ❼; e uma divisa de sargento ❽.

PROPAGANDA » Enquanto a FEB combatia na Itália, o trabalho dos propagandistas de guerra continuava procurando reforçar o moral e os vínculos entre as nações Aliadas: este pôster é outro produto da Coordenadoria de Assuntos Interamericanos, exaltando a aliança entre Brasil e Estados Unidos, agora também no campo de batalha. Na prática, os soldados brasileiros, que tinham consciência da magnitude do evento em que se viam envolvidos, questionavam-se sobre a contradição de viver sob uma ditadura autoritária no país de origem e ao mesmo tempo lutar ao lado da maior democracia existente.

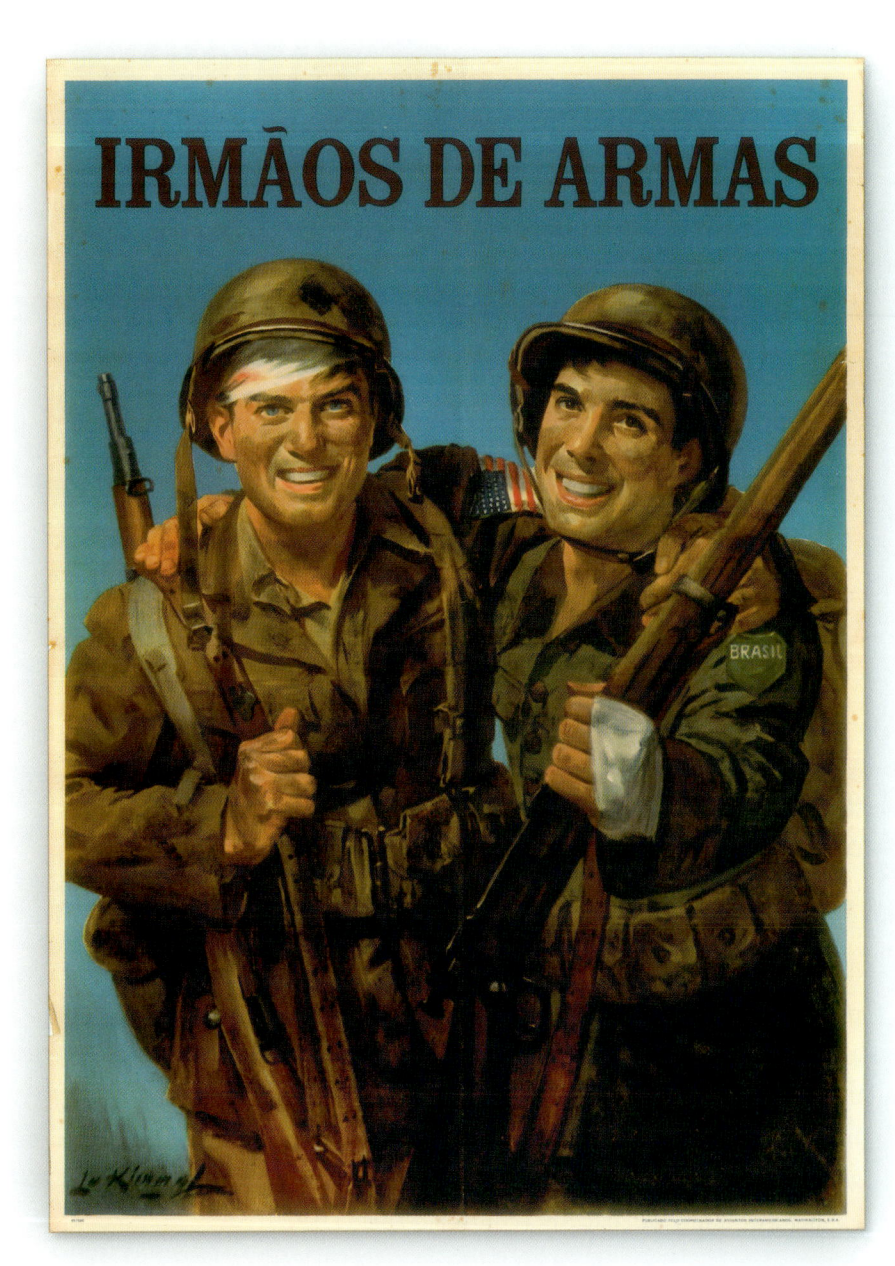

IMPRENSA » Os órgãos de imprensa também estavam comprometidos em destacar a atuação da FEB e promover o esforço de guerra, como mostram estes exemplares da revista *Vamos ler!*, editada pelo jornal *A Noite*. O governo de Getúlio Vargas mantinha um Departamento de Imprensa e Propaganda (DIP), encarregado de supervisionar e censurar o conteúdo da imprensa. Um pequeno jornal da FEB, feito no front por soldados do 6º Regimento de Infantaria, seria o primeiro a desobedecer abertamente o governo de Vargas e a publicar textos com a advertência explícita de que o jornal não era controlado pelo DIP.

Vamos ler!

Superintendente: L. C. DA COSTA NETTO — Emprêsa A NOITE — Diretor: VIEIRA DE MELO
RIO, 26-10-1944 -- N.º 430 -- ANO IX -- PREÇO: PARA TODO O BRASIL, CR$ 1,50

NOSSOS EXPEDICIONÁRIOS NO CAMINHO DE BERLIM

PÁ DE TRINCHEIRA » O cotidiano do soldado continuava arriscado, enquanto as retaguardas domésticas exaltavam seus feitos. Uma ferramenta trivial como esta pá de trincheira era um dos mais úteis itens do equipamento do combatente, que só conseguia sobreviver na linha de frente se estivesse bem-protegido dos estilhaços e do deslocamento de ar causado pelas explosões em seus abrigos individuais – os *foxholes*.

BORNAL » De fabricação americana, este bornal era usado para transporte de munições ou rações. Além do próprio equipamento individual, o fardo de cada combatente incluía armamento, ferramentas para escavar abrigos, peças e partes de armas coletivas, como morteiros e metralhadoras, além de munição extra. Cada soldado carregava em torno de 35 quilos.

CRIPTOGRAFIA » O sigilo das comunicações era uma das maiores preocupações dos exércitos em campanha, como provado por esta máquina Hagelin de criptografar mensagens. Desenvolvido na Suécia em 1938 para o Exército Americano, que a adotou em 1940 sob a denominação M-209-B, o aparelho era usado desde o nível das divisões até o dos batalhões para a transmissão de comunicação em código. As letras da mensagem eram escolhidas pelo botão metálico da esquerda e vertidas para código pelo acionamento da manivela preta à direita da máquina, colocando em funcionamento um mecanismo interno de bastões e pinos que fazia mais de 100 milhões de combinações. Diferentemente das máquinas alemãs, a M-209-B funcionava mecanicamente, e assim era apta a emitir mensagens em código nos mais avançados setores da linha de frente.

CIGARRO » O consumo de tabaco sempre foi popular nas campanhas bélicas, de tal modo que maços de cigarros eram distribuídos diariamente com as rações. Cigarros, charutos e fumo para cachimbo eram enviados do Brasil para os expedicionários, mas a preferência da tropa voltava-se para as marcas americanas, mais saborosas e suaves. De fato, o governo brasileiro não foi generoso na escolha dos produtos enviados, e uma então famosa marca nacional, com a estampa de uma garota de cabelos claros no maço, ganhou o apelido de Bionda Cattiva (Loira Malvada) dos civis italianos. Nem os pobres paisanos aceitavam consumir algumas marcas nacionais, apesar de o tabaco ter sido um dos produtos que desapareceram do mercado para civis. O isqueiro americano à esquerda era coberto com tinta craquelada não refletiva e podia ser adquirido nas cantinas e lojas montadas para os militares nas áreas de retaguarda.

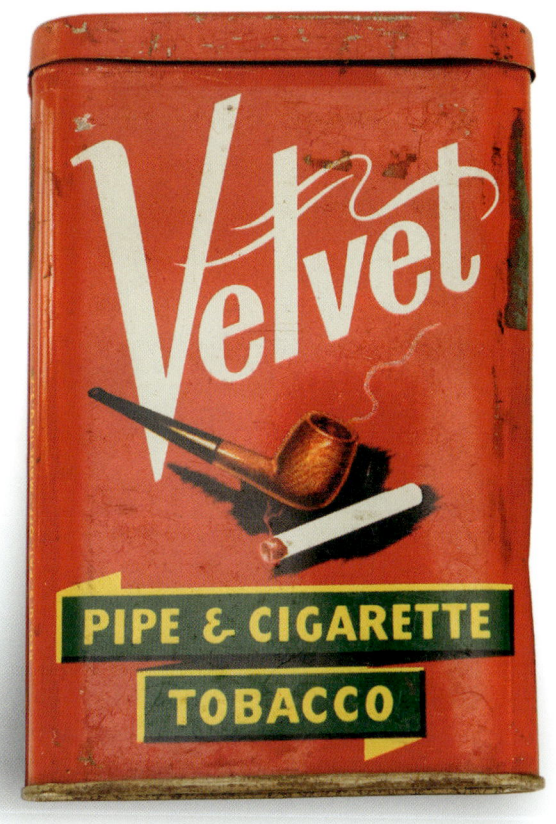

HIGIENE » Nas posições avançadas do front, a higiene era uma preocupação séria, embora nem sempre o soldado pudesse atender aos seus cuidados mais básicos. Este kit de higiene, parte fornecido pelo Exército, parte acrescido de itens doados por entidades de assistência aos expedicionários (como a embalagem de lâminas com motivo patriótico), estava incluído na carga pessoal de todo combatente. O creme de barbear, de origem americana, era outro dos itens que podiam ser adquiridos nas cantinas de retaguarda. As posições mais expostas à observação do inimigo, como as da Torre di Nerone, impediam que os soldados brasileiros procedessem com a rotina de banho e barbear, e, em alguns casos, homens permaneciam sem trocar de roupa e sem se lavar por até noventa dias. As consequências para o moral e para a saúde eram as piores possíveis.

FORÇA
Expedicionaria Brasileira
BRASIL
FERCO
OS MELHORAMENTOS DA NOVA
NAVALHA Gillette TECH
SUPORTE FIRME DA LAMINA GARANTE RAPIDEZ SEM RISCO
BARRA SOLIDA DISTENDE A PELE, ASSEGURANDO PERFEITO CONFORTO
NÃO ACUMULA ESPUMA : LIMPA-SE RAPIDAMENTE
COM 5 LAMINAS GILLETTE AZUL

SOCORRISTAS » Identificados por um capacete com cruzes vermelhas pintadas e uma braçadeira, os enfermeiros e padioleiros eram uma visão que propiciava conforto e segurança para os soldados que estavam arriscados a serem atingidos pelo fogo inimigo em combate. Sempre acompanhando a Infantaria lado a lado, dezenas de combatentes de Saúde da FEB foram feridos ou mortos.

PRIMEIROS SOCORROS » Além do curativo individual carregado universalmente, os homens de Saúde estavam equipados com materiais de primeiros socorros que permitiam a limpeza de ferimentos e o estancamento de hemorragias por vezes até mesmo durante um ataque. O torniquete – fita de tecido com garra metálica à direita da foto – era aplicado nos membros, acima do local de sangramento, evitando que o ferido entrasse em estado de choque. A tesoura permitia o corte rápido do uniforme para o atendimento e uma variedade de bandagens e gazes especialmente desenvolvidas para as regiões da face, crânio, peito e membros podiam ser agilmente aplicadas após a assepsia.

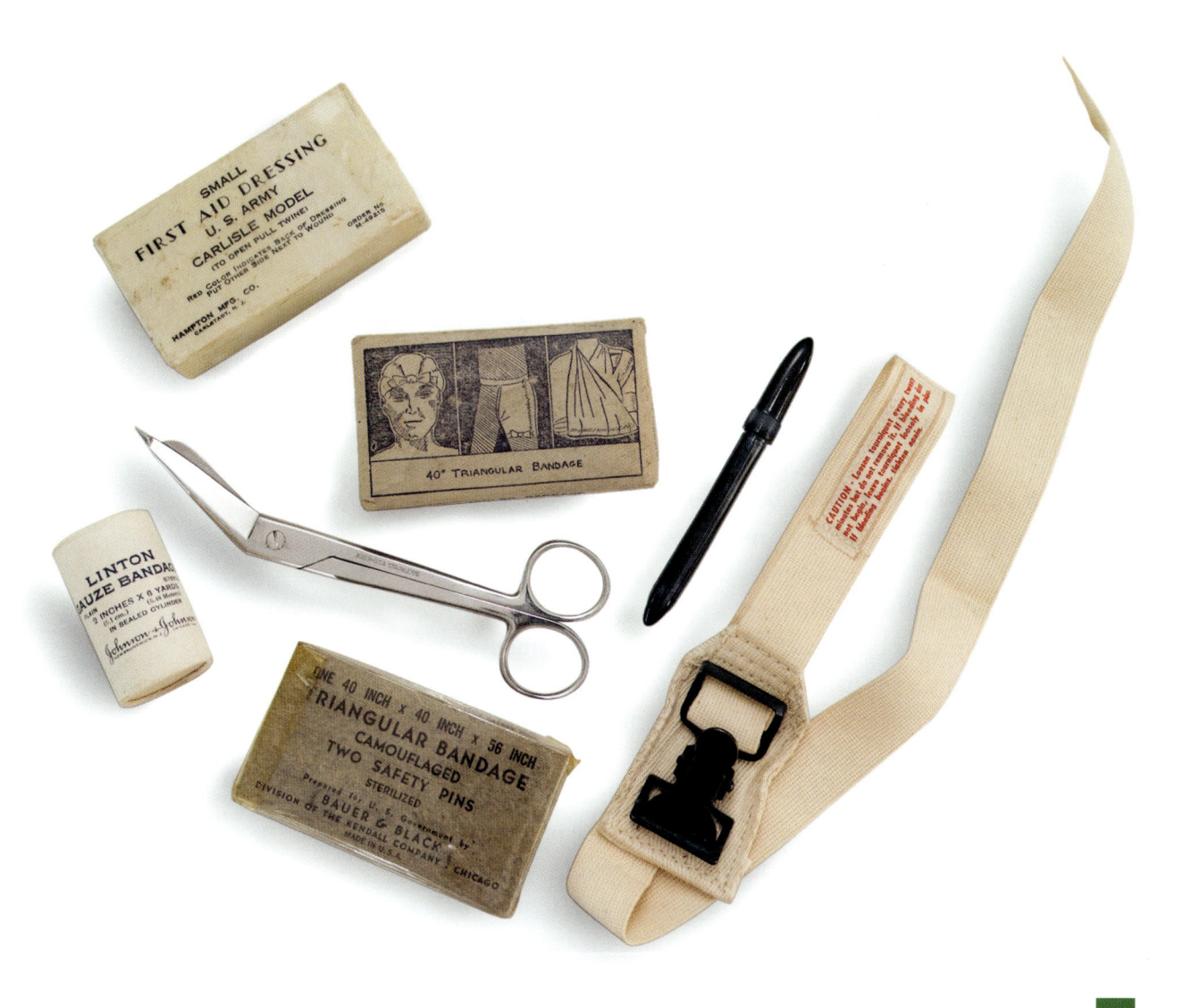

CAPACETE DE AÇO ALEMÃO » A silhueta do modelo 1935 era facilmente reconhecida à distância, pelo aspecto recortado na altura das orelhas. O decalque do lado esquerdo, oficialmente abandonado a partir de 1943, mas que na prática foi usado até o fim da guerra, exibe a iracunda águia do Exército Alemão sobre a suástica nazista. Em 1935, Hitler proclamou o estado de Soberania Militar, anunciando o franco rearmamento da Alemanha e coroando de fato um longo processo de desenvolvimento da indústria bélica e de modernização das Forças Armadas que não cessara nem mesmo sob o rígido controle do Tratado de Versalhes. A partir desse momento, os alemães passaram a treinar vastas levas de reservistas, garantindo por toda a guerra um contingente de conhecedores do armamento e da doutrina de combate. Quando a FEB chegou à Itália, encontrou pela frente inimigos bem-treinados, experientes em combate e acostumados a matar.

ARMAS QUÍMICAS » Máscara de gás e estojo da Wehrmacht. Armas químicas não foram usadas durante a guerra, mas o combatente alemão se precaveu, carregando este equipamento ao longo de todo o conflito.

BAIONETA E BAINHA » Os componentes acima em aço pertenciam ao fuzil Mauser 98k, arma padrão da Infantaria Alemã.

FIVELA » Pertencente ao cinturão de um soldado alemão morto nos combates por Monte Castello, a fivela acima foi trazida como troféu de guerra por um soldado do 11º Regimento de Infantaria, também ferido no dia 21 de fevereiro de 1945. O dístico *Gott Mit Uns* significa "Deus conosco" e era empregado nas fivelas alemãs desde os tempos imperiais. Hitler não apreciava a ligação entre as Forças Armadas e o cristianismo, embora não tenha conseguido extirpar todos os aspectos desse vínculo no exército que moldou. Enquanto todo batalhão brasileiro ou americano tinha seu próprio capelão militar, os religiosos de uniforme eram uma visão rara na Wehrmacht.

GRANADA DE MÃO ALEMÃ » O acionamento do modelo de 1929 se dava por meio de um cordel revelado após a retirada da rosca na base do bastão. A granada alemã não tinha carga tão forte quanto a americana, mas em compensação o cabo servia como uma aleta que permitia o arremesso da arma com maior precisão. Estes explosivos foram amplamente usados por ambos os lados no combate de montanha, tanto nas ações defensivas quanto no assalto às casamatas e trincheiras que pontilhavam os Apeninos.

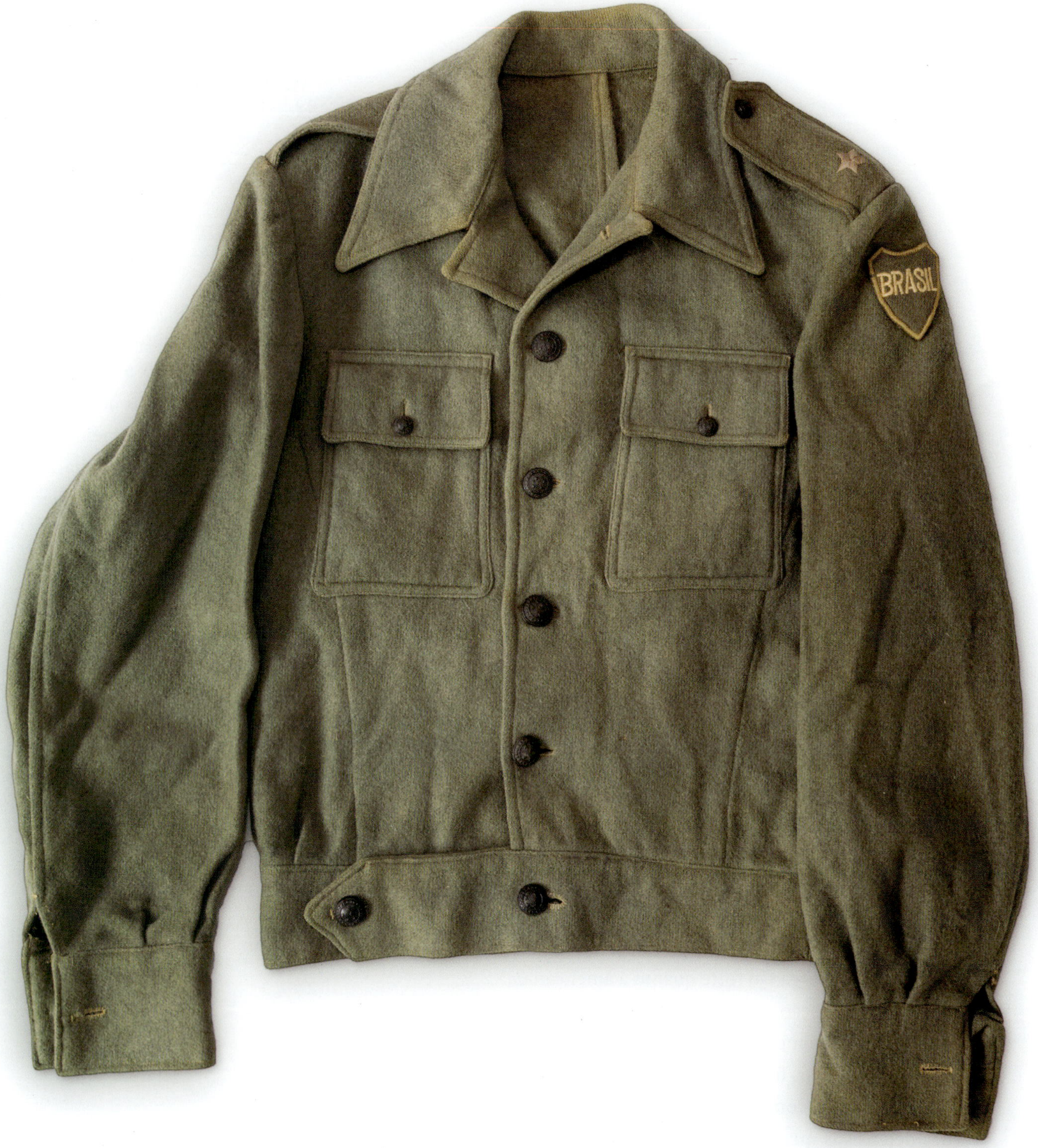
BRASIL

UNIFORME TIPO B-2 » Este era o modelo de farda que vestia os oficiais de Infantaria da FEB. A blusa, originalmente longa e com quatro bolsos, foi encurtada para facilitar os movimentos, prática depois adotada em quase todos os fardamentos brasileiros. Estas peças foram confeccionadas no Brasil, em lã verde-oliva e permaneceram em uso por toda a campanha. Durante o inverno, a FEB recebeu um reforço de agasalhos dos estoques da Peninsular Base Section, a grande base de Intendência americana que atendia o teatro de operações do Mediterrâneo. Triste exemplo da diferença de classes mantida por um exército atrasado de antes da guerra: a lã dos uniformes de oficiais era mais pesada e mais densa do que o pano de lã utilizado para a fabricação dos uniformes de praças.

FACA DE TRINCHEIRA » De fabricação americana, o modelo M-3, introduzido em 1943, era basicamente uma ferramenta para a sobrevivência no front e em raras ocasiões foi empregada em combate corpo a corpo.

TALHERES » Um singelo testemunho da ausência de um brasileiro morto em combate: garfo e colher da Marinha Americana, adquiridos no navio-transporte pelo segundo-tenente Ary Rauen. Esse oficial, muito admirado e respeitado por colegas e comandados, foi morto em ação no primeiro dia do ataque a Montese. Seus soldados procuraram guardar seus objetos como lembranças e estes talheres foram trazidos por um veterano de São Paulo. Ele se lembrava de que a colher estava gasta, pois Rauen chegou ao ponto de ensinar aos seus soldados que era possível escavar um abrigo individual mesmo sem que a ferramenta de trincheira estivesse à mão.

SOCO-INGLÊS » Um presente de Natal enviado de casa para os expedicionários, este soco-inglês foi produzido em um município gaúcho e despachado para os combatentes da FEB. Houve engajamento pessoal em poucas ações de assalto a casamatas inimigas e esta arma de combate corpo a corpo só seria útil em esparsas ocasiões, uma vez que as submetralhadoras, fuzis-metralhadoras, bazucas e granadas de mão geralmente resolviam os confrontos na montanha.

CALÇADO » Este era o famoso "galochão" americano fornecido à FEB para o inverno de 1944-45. As condições de temperatura nas montanhas foram extremamente rigorosas na ocasião, agravando doenças respiratórias e comprometendo a circulação sanguínea durante a permanência em posições estáticas. Este calçado deveria ser usado sobre os borzeguins de couro preto da FEB, contudo, os brasileiros preferiam enrolar os pés em tiras cortadas de mantas e forrar a parte interna com feno e jornais. Essa medida aquecia de modo eficaz e funcionava para manter a circulação mediante a troca da forragem a cada dois ou três dias. Como os materiais nem sempre estavam à disposição, o feno e o papel se umedeciam, molhando os pés e causando o pé de trincheira, cujos índices não foram tão baixos na FEB, ao contrário de lendas surgidas no pós-guerra.

SOBRETUDO DE LÃ » O casaco modelo de 1938 do Exército Americano foi o sobretudo distribuído aos soldados da FEB. Este agasalho aquecia bastante, mas era inadequado para o combate, pois ficava molhado com facilidade, tornando-se pesado e dificultando os movimentos. As insígnias da Divisão de Infantaria, de graduação de cabo e a echarpe com o distintivo do 5º Exército Americano eram adornos muito mais comumente vistos nas áreas de retaguarda do que no front, onde a necessidade de camuflagem no terreno era absoluta. Nos primeiros ataques a Monte Castello, os veteranos relatam como tiveram que depositar estes casacos na base de partida, uma vez que seu uso impediria a agilidade necessária para progredir no terreno acidentado e para manejar o armamento. Por outro lado, eles eram bastante apreciados para as missões de vigilância e observação no interior dos abrigos gelados das posições mais avançadas.

GUIAS » Permanecer nas posições avançadas de combate era extremamente desgastante para o corpo e a mente. Semanalmente, combatentes eram retirados da linha de frente em sistema de rodízio nos pelotões e enviados aos grandes centros de recreação em Roma e Florença. Na capital italiana, o Exército Americano mantinha um *rest center* nas instalações construídas para atletas por Benito Mussolini. Florença contava com um hotel para soldados gerenciado pelo Exército Brasileiro. Estes guias para as duas cidades incentivavam os soldados a entrar em contato com a antiga tradição cultural ocidental preservada na Itália, tanto como uma forma de aliviar a tensão do combate e também como uma lição de que era importante preservar aquele patrimônio e seu legado de valores contra a selvageria nazifascista. Um passeio na retaguarda não era um simples lazer, mas uma parte da instrução moral ministrada aos combatentes – tanto que os responsáveis pela elaboração destes dois guias foram os oficiais do Serviço de Guerra Psicológica do 5º Exército Americano.

PERÍODOS DE DESCANSO » Liras de ocupação, a moeda empregada na retaguarda para evitar o mercado negro; um programa de ópera e um bilhete de museu; cartões para o controle de artigos distribuídos para dar conforto ao cotidiano dos expedicionários. A experiência do 5º Exército provava que, após três meses de permanência no front, a fadiga de combate começava a se tornar irreversível, evoluindo para casos de baixa neuropsiquiátrica. O serviço médico tinha plena consciência da imprescindibilidade dos períodos de descanso para todo soldado que fosse submetido às condições de combate. Os combatentes nem sempre se dedicavam a atividades tão elevadas: o vinho abundava na retaguarda e a prostituição tornara-se comum, em razão da penúria em que viviam os civis italianos.

Real Teatro di San Carlo

Season 1944-45

Under the Direction of

The British Military Authorities Naples

AIDA

Programme

MINISTERO DELLA PUBBLICA ISTRUZIONE

DIREZIONE GENERALE
DELLE ANTICHITA' E BELLE ARTI

BIGLIETTO D'INGRESSO

LIRE CINQUE

Il visitatore è tenuto a conservare il biglietto fino all'uscita - Il biglietto è valido per una sola volta e per il giorno in cui è stato acquistato - Presso il bigliettaio è ostensibile il registro per i reclami - Nessuna mancia.

Serie AC   N° 375167

Supercinema GLOBO - Astoria
Cav. Ugo Melani e C.
Dotazione B
Bigl. a riduz. Mil. e Rag.
PRIMI POSTI
01025
Serie B

ISSUED IN **ITALY**

5 LIRE

SERIES 1943

A46816417A

CORRESPONDÊNCIA » O processo de seleção da FEB garantiu que a maioria de seus integrantes se encontrasse em boas condições de saúde, além de serem provenientes de áreas urbanas e alfabetizados. Milhões de cartas foram trocadas entre o Brasil e a Itália durante toda a campanha, exigindo apurada verificação de censores – o zelo era necessário para que informações sensíveis não fossem repassadas na correspondência. O serviço postal tinha eficácia irregular: na literatura dos veteranos, é bastante comum que se encontrem reclamações sobre a demora da chegada das cartas.

CARTAS DA ITÁLIA » O texto pueril escrito à mão não deixa transparecer que o autor da correspondência, um soldado do Regimento Sampaio, encontrava-se dentro de um buraco gelado, a centenas de metros de altitude. Ao lado dele, uma mensagem padrão impressa em grande quantidade e enviada por um sargento do 6º Regimento de Infantaria. As famílias dos combatentes e cidadãos brasileiros em geral faziam pouca ideia das rústicas condições em que se encontravam os combatentes da FEB, um abismo de conhecimento e de experiências que não foi transposto nem mesmo décadas após a guerra.

DISTINTIVO DA COBRA FUMANDO » Em princípios de 1945, o distintivo foi adotado para a 1ª Divisão de Infantaria Expedicionária. O desenho foi criado no quartel-general da FEB e a fabricação de bordados manuais, encomendada junto à tradicional indústria artesanal de bordadeiras italianas, localizada principalmente em Florença. Os soldados podiam adquirir desde versões bastante rústicas até elaborados distintivos em fios metálicos, como o da imagem. A cobra fumando representava o espírito de combate dos brasileiros, inspirada pelo dito de autoria desconhecida de que "era mais fácil uma cobra fumar do que ver um brasileiro lutando na guerra". Cada divisão americana tinha seu próprio distintivo originado de anedotas similares, e o oficial americano de ligação da FEB junto ao 5º Exército, major Vernon Walters, sugeriu ao general Mascarenhas que os brasileiros adotassem a mesma prática. Imediatamente aceito pela tropa, que já rabiscava este símbolo em viaturas e usava amplamente a expressão "a cobra está fumando", o distintivo chegou até a causar ciúmes entre os combatentes do front e os da retaguarda, já que os primeiros acreditavam que só quem enfrentava os alemães teria direito ao seu uso e, no Regimento Sampaio, chegaram até a compor um samba ironizando a ostentação do símbolo nas áreas de retaguarda: "Você, que é combatente, mas não conhece a linha de frente, só anda bonito e usando o distintivo da Cobra Fumando!".

DISTINTIVO DO 5º EXÉRCITO » Uma bem-elaborada versão do distintivo do 5º Exército Americano, que também era confeccionado por bordadeiras italianas. Desde a incorporação do 1º Escalão da FEB a essa grande organização militar em 25 de agosto de 1944, os brasileiros estavam de fato combatendo sob a égide do Exército dos Estados Unidos: passaram a receber melhor alimentação, armamento mais moderno, uniformes adequados ao frio e a seguir exemplos de convívio mais salutares entre os oficiais e a tropa, como o recebimento das rações iguais para todos os postos e o mesmo tipo de fardamento. Oficiais podiam usar o bordado no ombro direito dos uniformes, enquanto os praças só receberam autorização para tanto depois do fim das hostilidades.

CAMUFLAGEM » Esta sobreveste americana reversível de cor branca e verde para camuflagem na neve, modelo de 1942, acompanhava um forro de pele de alpaca e era bastante usada em patrulhas nos meses de inverno. O efeito de camuflagem na neve era apenas relativo, e esta vestimenta se provava mais eficaz à noite e sob a densa névoa que se estendia sobre as montanhas.

JAQUETA » Esta surrada *field jacket* americana modelo de 1941 foi usada na conquista de Monte Castello por um fuzileiro do Regimento Sampaio. Uma rústica versão da Cobra Fumando está costurada ao ombro esquerdo. Em fins de 1944, cerca de 15 mil jaquetas americanas foram supridas à FEB pelo 5º Exército, completando a proteção dos uniformes brasileiros do tipo B-2, que eram de boa qualidade, mas insuficientes para o frio que oscilou entre 15 e vinte graus negativos nas posições de linha avançada. A aparência mais comum do combatente brasileiro consistia no uso desta jaqueta sobre a blusa de lã com as calças B-2 do mesmo material, a galocha ou borzeguim de couro preto e o capacete americano.

GENERAL ECCARD VON GABLENZ » Comandante da 232ª Divisão de Infantaria, responsável pela defesa de Monte Castello, La Serra, Soprasasso e outras posições apeninas conquistadas pelos brasileiros, von Gablenz era oficial de Estado-Maior e veterano da Primeira Guerra Mundial, além de um experiente egresso da frente russa. Assumindo o comando da 232ª Divisão em julho de 1944, o general tratou de compensar a escassez de recursos da qual a Alemanha sofria no fim da guerra por meio de um programa de instrução intenso. Criou uma escola de *snipers* no campo de treinamento onde a divisão era preparada e, uma vez na Itália, aproveitou todo o seu conhecimento de décadas para estabelecer um sistema defensivo muito coerente nas posições atacadas pela 1ª Divisão de Infantaria Expedicionária e pela 10ª Divisão de Montanha.

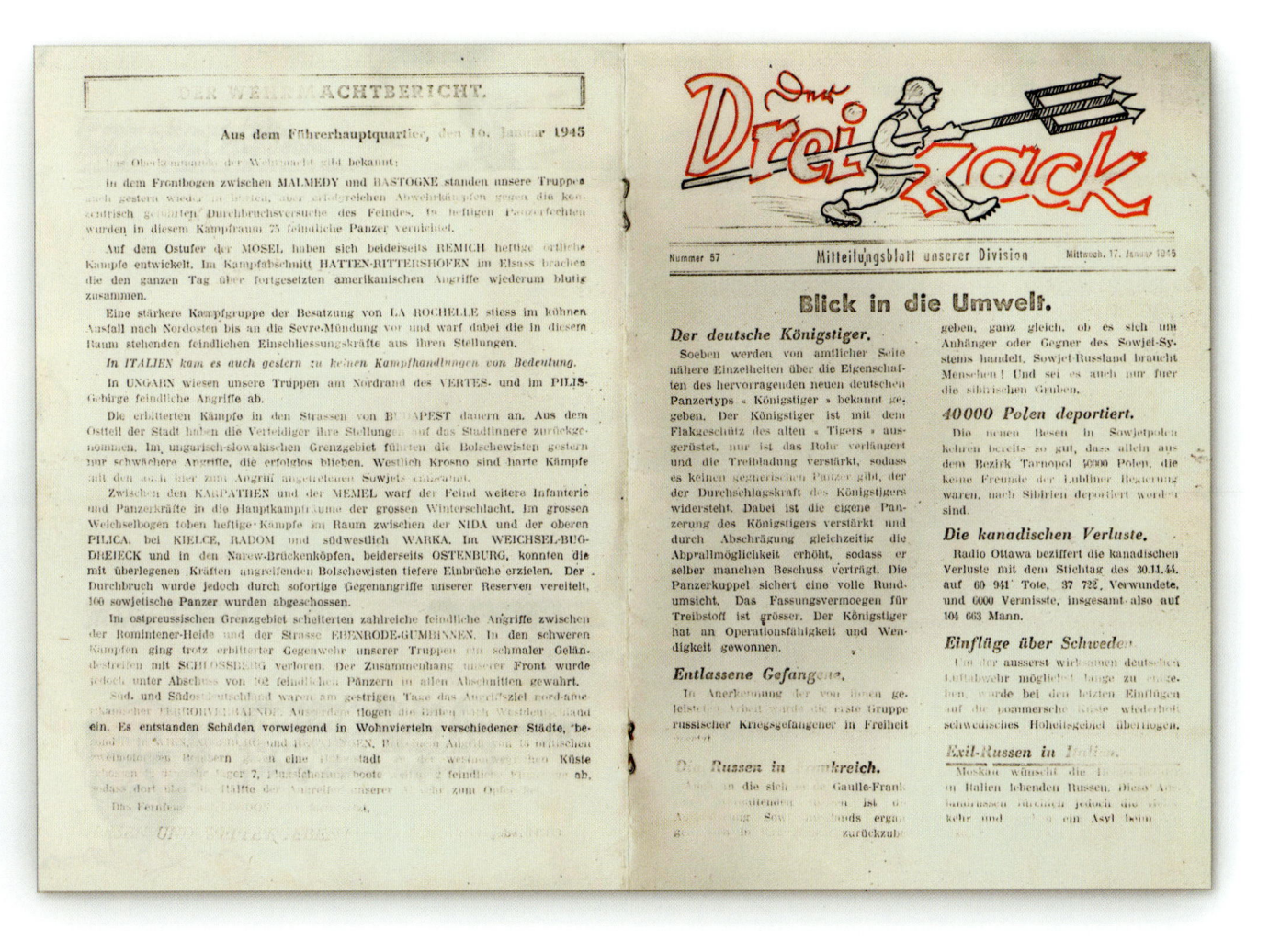

JORNAL » O *Tridente*, datado de janeiro de 1945, era produzido pela 232ª Divisão de Infantaria. Dos homens da 232ª Divisão, 90% eram também veteranos da frente russa, instruídos na doutrina militar alemã desde a década de 1930 e bastante aptos a empregar com eficácia o armamento leve de que dispunham. No ataque vitorioso contra Monte Castello desferido no dia 21 de fevereiro de 1945, a elevação era defendida por efetivo equivalente a um batalhão alemão. No fim da guerra, esse escalão de combate continha entre duzentos e trezentos homens – não é possível chegar a um número mais preciso devido às variações causadas pelas baixas sofridas nos preparativos do ataque, quando a divisão alemã foi duramente castigada por bombardeios.

MONTE CASTELLO » Abaixo, vista da encosta sudoeste após o ataque vitorioso de 21 de fevereiro de 1945. O terreno devastado pelos bombardeios da Artilharia Brasileira e dos Republic Thunderbolt P-47 da FAB estava pontilhado de abrigos, casamatas e trincheiras alemãs.

GUARNIÇÃO DE MORTEIRO » A arma de 81 mm era essencial no combate de Infantaria. Ela era parte do armamento das companhias de petrechos pesados, contidas em cada batalhão de Infantaria. Três batalhões de infantaria formavam um regimento, composto ainda de seções de saúde, comando, transmissões e uma companhia de canhões anticarro.

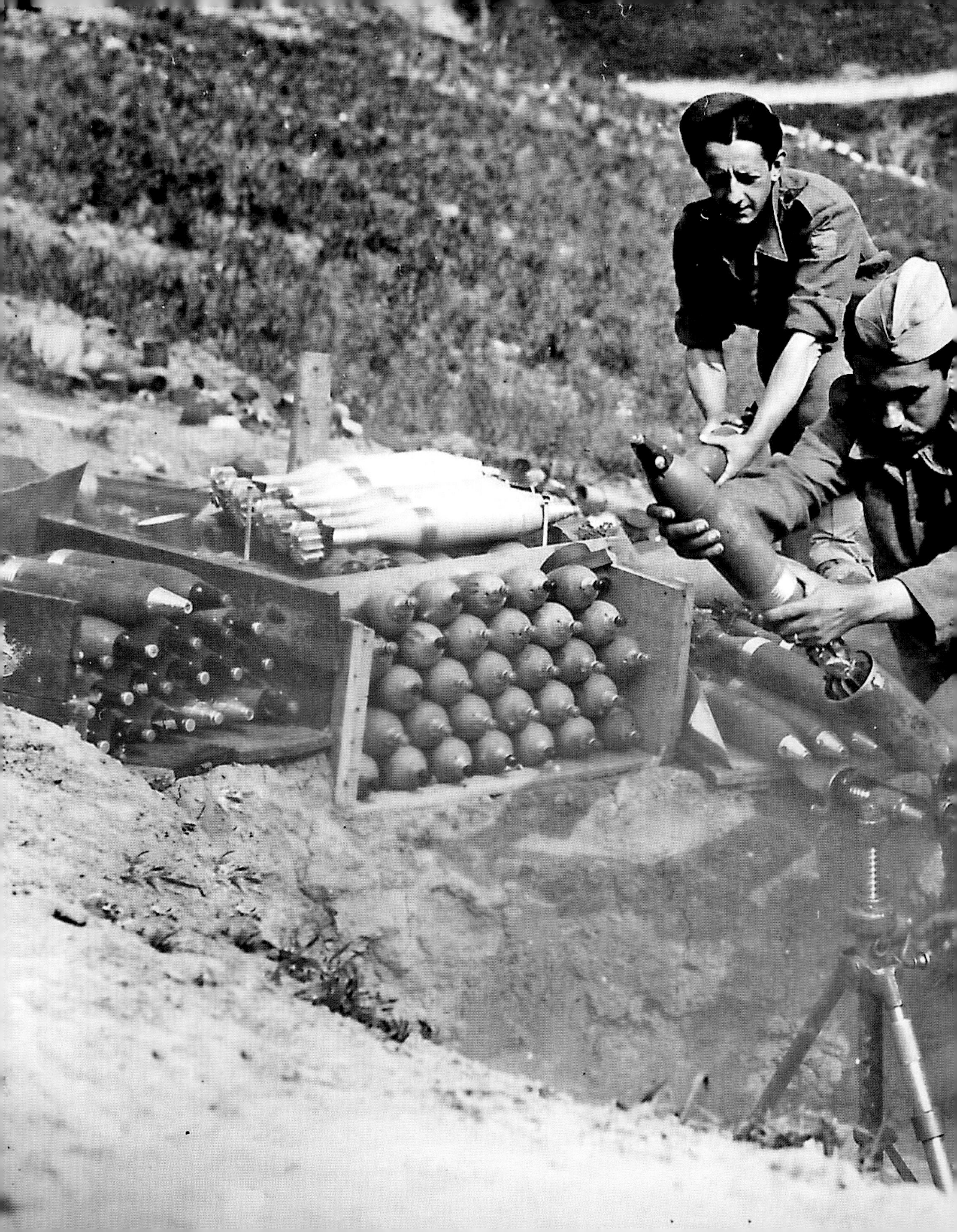

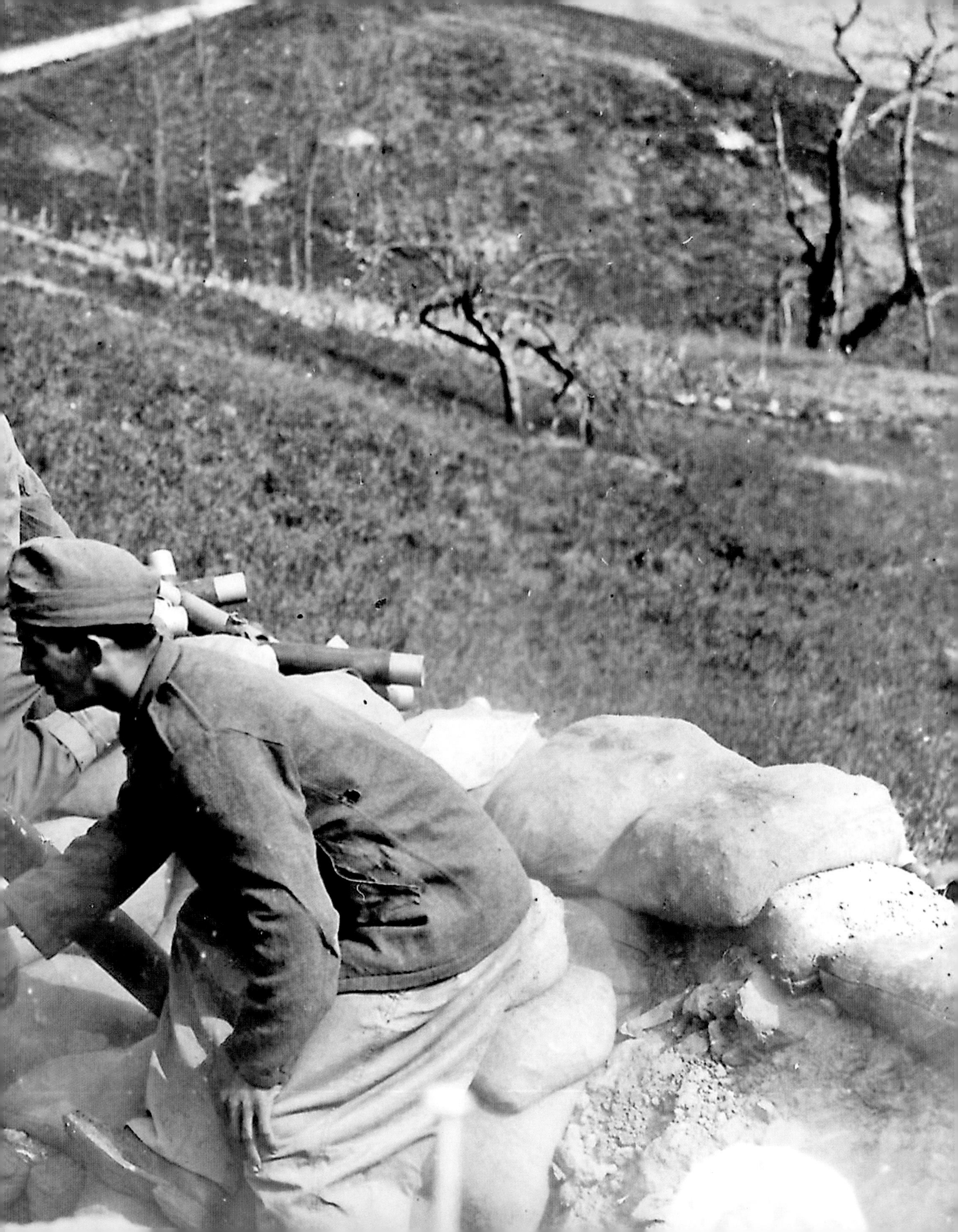

CAPACETE » Um exemplo de adaptação na guerra, este capacete de capitão teve sua insígnia de três estrelas obscurecida para dificultar a observação inimiga. Entretanto, a postura e a posição de comando entre a tropa e a liderança da frente não impedia que os atiradores de elite conseguissem identificar os oficiais brasileiros, o que causou ferimento e morte a dezenas de comandantes de pelotões e companhias de infantaria da FEB.

CAÇAS-BOMBARDEIROS » Aviões Republic Thunderbolt P-47, do 1º Grupo de Aviação de Caça, estacionados na base de Pisa, na Itália.

FUZIL-METRALHADORA » A arma Browning modelo 1918 A2 era usada nos Grupos de Combate da FEB. Cada companhia de fuzileiros contava com três pelotões, divididos em três grupos de combate de 12 homens. O FM Browning era empregado de acordo com o conceito de fogo e movimento e foi desenvolvido nos anos finais da Primeira Guerra Mundial. Idealmente, os disparos dessa arma fixavam o inimigo, permitindo aos volteadores (soldados armados de fuzil) que se aproximassem das posições a serem postas fora de combate e as aniquilassem com granadas, tiros de bazuca ou rajadas de metralhadoras. A companhia de fuzileiros dispunha ainda de um pelotão de petrechos, armado com três morteiros de 60 mm e duas metralhadoras Browning calibre .30 refrigeradas a ar.

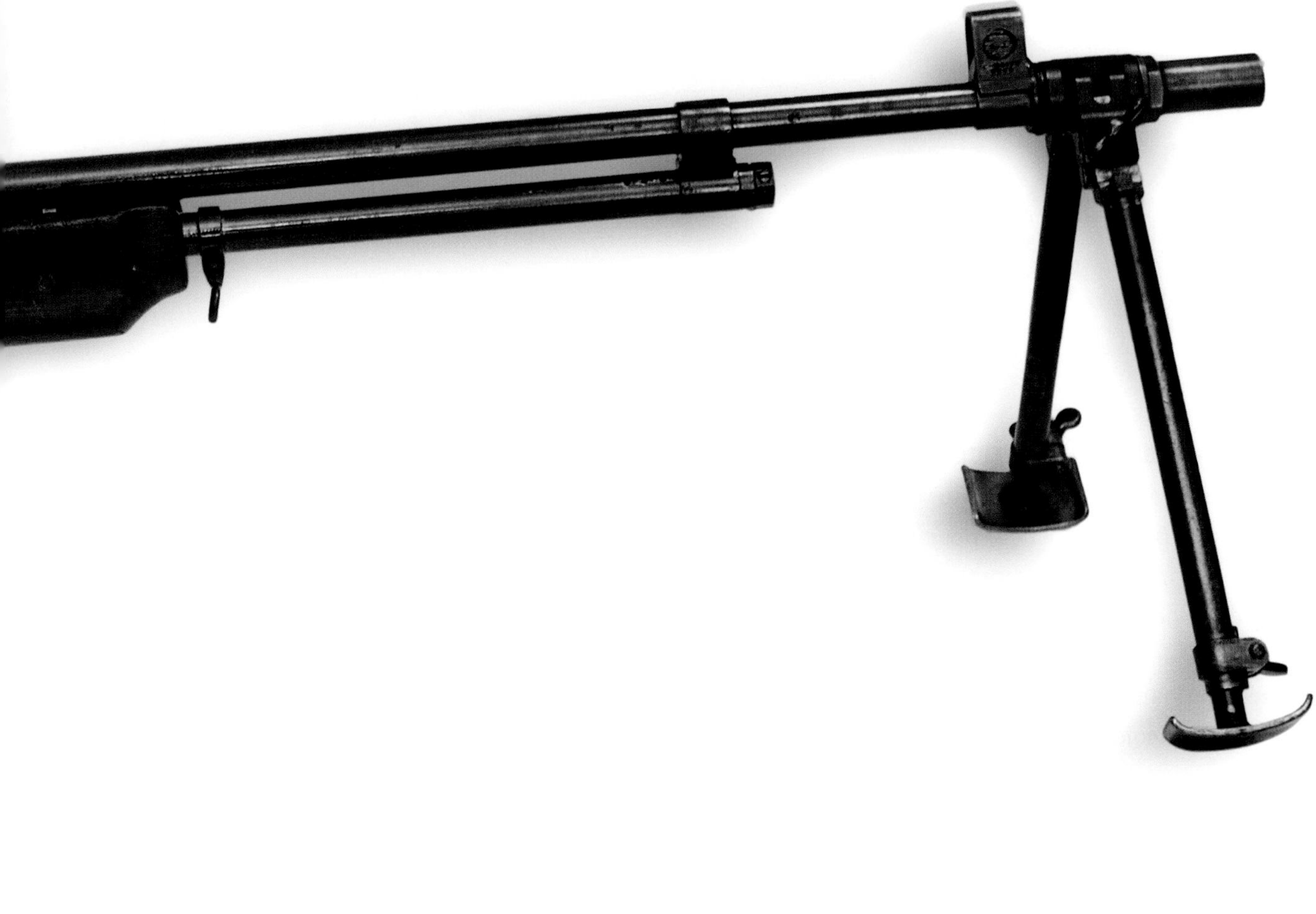

FUZIL G-43 SEMIAUTOMÁTICO » Este fuzil foi um desenvolvimento do armamento alemão alcançado durante a guerra e uma evolução considerável desde o fuzil de repetição operado por ferrolho que foi mais universalmente empregado pela Wehrmacht. Este exemplar está munido de luneta para o tiro de precisão. Durante o período estático da linha de frente entre dezembro de 1944 e fins de fevereiro de 1945, os atiradores de elite alemães causaram baixas consideráveis entre a tropa brasileira – são muitos os relatos de soldados abatidos por certeiros tiros na cabeça. O G-43 nunca chegou a equipar a Infantaria Alemã de maneira regular. Com exceção dos americanos, que empregavam o fuzil semiautomático Garand M1, todas as demais forças beligerantes ainda se valiam dos fuzis de repetição. Em compensação, o número de metralhadoras e submetralhadoras era maior entre as frações de tropas alemãs.

125

PANFLETOS » A presença da tropa brasileira era vastamente conhecida pelos alemães, a ponto de saberem com exatidão quais regimentos compunham a 1ª Divisão de Infantaria Expedicionária e em quais setores do front estavam localizados. Estes panfletos de guerra psicológica, visavam minar o moral da FEB e eram disparados por canhão a partir de cartuchos de zinco que se abriam, espalhando o seu conteúdo sobre as posições brasileiras e invalidando a afirmação de que os alemães desconheciam a participação da FEB na guerra.

Era esta a oração duma moça apaixonada que rezava pelo seu noivo Aristides José da Silva, encorporado no 1º Regimento da FEB, quando êste, gravemente ferido, exalava o último suspiro da sua jovem vida por interêsses alheios à causa brasileira.

Não fazia ela a menor idéia de que estavam já sendo destruídas para sempre tôdas as suas esperanças e que ao seu noivo estava predestinada uma singela sepultura nas rochas geladas dos Apeninos.

E PORQUÊ TUDO ISTO?

O Aristides perdeu a sua vida conscientemente. Se tivesse deposto as armas espontâneamente, como o fizeram outros camaradas seus, os mais ardentes desejos e as mais vivas esperanças de sua noiva ter-se-iam realizado.

QUEREM TAMBÉM VOCÊS

causar a mesma dor às vossas mães, aos vossos irmãos e às vossas noivas?

NUNCA!

Então, porque é que Vocês ainda estão participando nesta luta contra os alemães, sem motivos justificáveis, e que é travada ùnicamente em prol dos capitalistas norte-americanos? O bom senso vos dirá que é melhor furtar-se ao último e mais terrível episódio desta guerra, passando para as linhas alemãs e aguardando o próximo fim da luta em paz e sossêgo num campo de prisioneiros, para regressar então novamente ao querido Brasil, não pensando nunca mais nestes tempos horríveis que a todos torturam.

PARA QUÊ MORRER AGORA, SE EXISTE AINDA OUTRA POSSIBILIDADE?

CONDECORAÇÕES » Quando os brasileiros começaram a se destacar em combate, o Exército Americano passou a premiar os autores de feitos excepcionais com suas próprias condecorações, como esta medalha Bronze Star. O Exército Brasileiro criou medalhas para a FEB ainda antes da partida, como as Cruzes de Combate de 1ª e 2ª Classe, que só chegariam ao teatro de operações da Itália depois que a guerra acabou. Enquanto poucos soldados podiam ostentar as medalhas americanas, o comando da divisão brasileira passou a conceder citações de combate impressas para compensar a demora na chegada das medalhas. Um complexo processo burocrático de análise dificultava a concessão das condecorações, pois estava sujeito a preferências pessoais e paixões dos responsáveis pelo exame dos feitos dos combatentes. Bem menos expedicionários da FEB acabaram recebendo as medalhas a que tinham direito, situação que Mascarenhas de Moraes procurou sanar em 1962, com uma nova leva de distribuição das Cruzes de Combate.

DIPLOMA » Outra lacuna nas premiações a que faziam jus os expedicionários eram as medalhas por ferimento de guerra, mitigada por este diploma de ferimento em ação, assinado pelo general Mascarenhas, ainda na Itália. O recebedor foi um sargento do 6º Regimento de Infantaria, atingido por estilhaço de morteiro no ataque a Montese. Dentre os 1.577 feridos que a FEB teve em ação, a maioria foi atingida por estilhaços de morteiros, seguidos de disparos de armas de fogo, minas terrestres e, por fim, golpes em combate aproximado, como coronhadas e estocadas de baionetas e de outras armas brancas.

MAPA DE GUERRA » Cuidadosos planos de ataque precisavam ser elaborados para o sucesso das operações: esta carta topográfica assinala as posições de canhões, morteiros e metralhadoras alemãs no terreno a ser atacado pela FEB. As marcações em vermelho tinham como fonte os relatos de patrulhas, civis italianos interrogados e dos *partigiani*, guerrilheiros que fustigavam a retaguarda alemã e que por vezes auxiliavam os Aliados organizados em formações de combate. As anotações em azul eram informadas por observação aérea, que no caso da FEB era fornecida pela 1ª Esquadrilha de Ligação e Observação (ELO), adicionada ao comando da divisão com base na cidade de Porretta Terme. A 1ª ELO operava aviões Piper Cub e suas tripulações combinavam um oficial piloto da Força Aérea ao lado de um oficial observador do Exército Brasileiro.

JORNAL » Órgão oficial do comando da FEB, este exemplar de O *Cruzeiro do Sul* anuncia a vitória do ataque a Montese, executado entre 14 e 17 de abril de 1945, envolvendo todos os três regimentos da divisão brasileira. Foi o mais sangrento episódio de combate protagonizado pelos brasileiros, com centenas de baixas ocasionadas por minas e o mais pesado bombardeio inimigo em todo o setor do IV Corpo de Exército, que compunha o efetivo de combate do 5º Exército junto com o II Corpo. Montese estava situada no último setor defensivo alemão sobre os Apeninos, que foi dominado com a Ofensiva da Primavera, deflagrada em 14 de abril de 1945. Essa bem-sucedida operação permitiu aos Aliados o emprego de sua força blindada e demais viaturas motorizadas, que avançaram em direção ao vale do rio Pó na tentativa de cercar as divisões alemãs em retirada, rumo ao lar, buscando a evasão da captura. De combates em terreno compartimentado como as montanhas, a FEB passou a operar na vastidão de uma planície, em suas últimas ações antes do fim da guerra.

POLÍCIA MILITAR DA FEB » Acima, prisioneiro alemão capturado em Montese é conduzido à retaguarda em jipe da Polícia Militar da FEB. Os primeiros *military policemen* brasileiros eram oriundos da extinta Guarda Civil de São Paulo. Quando o efetivo da FEB aumentou em 1945, um total de duzentos MPs compôs uma Companhia de Polícia, com homens selecionados em diversas unidades expedicionárias.

INFANTARIA » O poderio bélico Aliado retomava seu valor após o rompimento da cadeia montanhosa fortificada defendida pelos alemães. Na foto acima, o pelotão de Infantaria brasileiro está prestes a embarcar em caminhões para a perseguição no vale do rio Pó, em seguida à conquista de Montese. A FEB recebeu dos americanos mais viaturas motorizadas do que o número existente em todo o Exército Brasileiro.

CAPÍTULO 7

A VITÓRIA FINAL

DISTINTIVOS DE COMBATE ALEMÃES » De um momento a outro, os distintivos alemães passaram da condição de símbolos de orgulho guerreiro a troféus levados para casa por um exército vitorioso. Esse gênero de objetos era geralmente adquirido dos prisioneiros mediante trocas por cigarros ou chocolates. De difícil captura por toda a campanha, os prisioneiros alemães começaram a abundar nas mãos dos brasileiros somente após a arrancada pelo vale do rio Pó, sendo capturados em bolsões, ultrapassados nas manobras em campo aberto e, finalmente, na operação em nível divisionário que resultou na rendição de Fornovo.

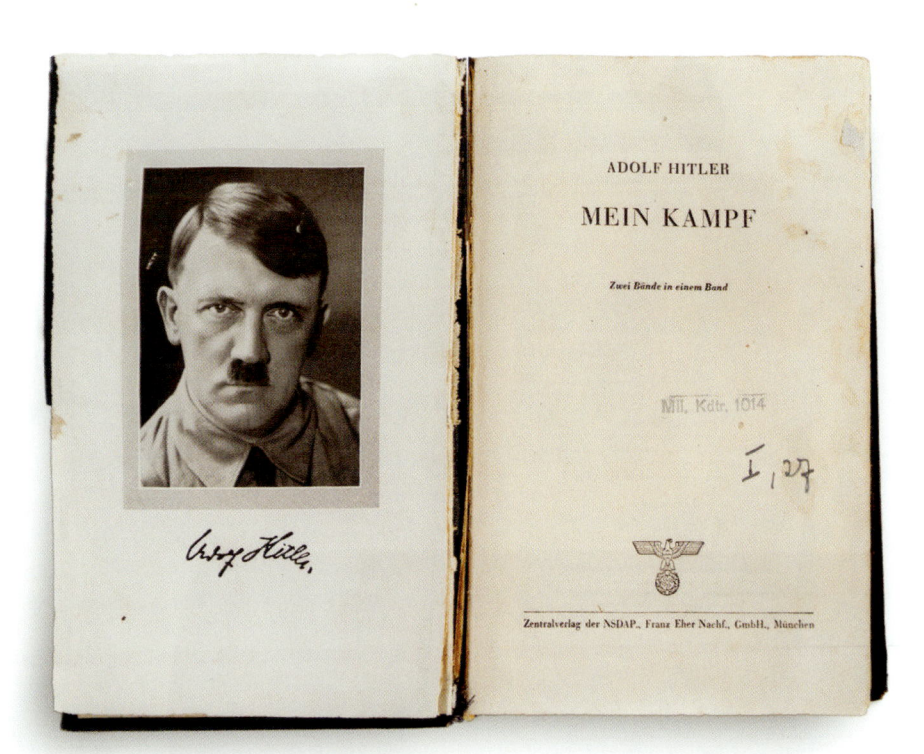

MEIN KAMPF » Exemplar obtido como suvenir de guerra por um sargento expedicionário no quartel-general do marechal Kesselring. Uma lembrança emblemática da campanha da Itália, este livro mistura diatribes raciais com um projeto estratégico de expansionismo alemão com base no uso da força. A Wehrmacht apoiou a ascensão do nazismo, já que se beneficiaria do programa armamentista, mas Hitler sempre considerou que a mais importante força alemã, o Exército, não estava suficientemente nazificada. A partir do atentado contra a sua vida em 20 de julho de 1944, oficiais de doutrinação política foram enviados a todas as divisões e a saudação nazista passou a substituir a tradicional continência prussiana.

PISTOLAS » Os modelos alemães da pistola Walther P-38, com munição calibre 9 mm Parabellum, foram introduzidos para substituir a clássica Luger P-08 e estão entre as mais populares presas de guerra trazidas pelos veteranos da FEB.

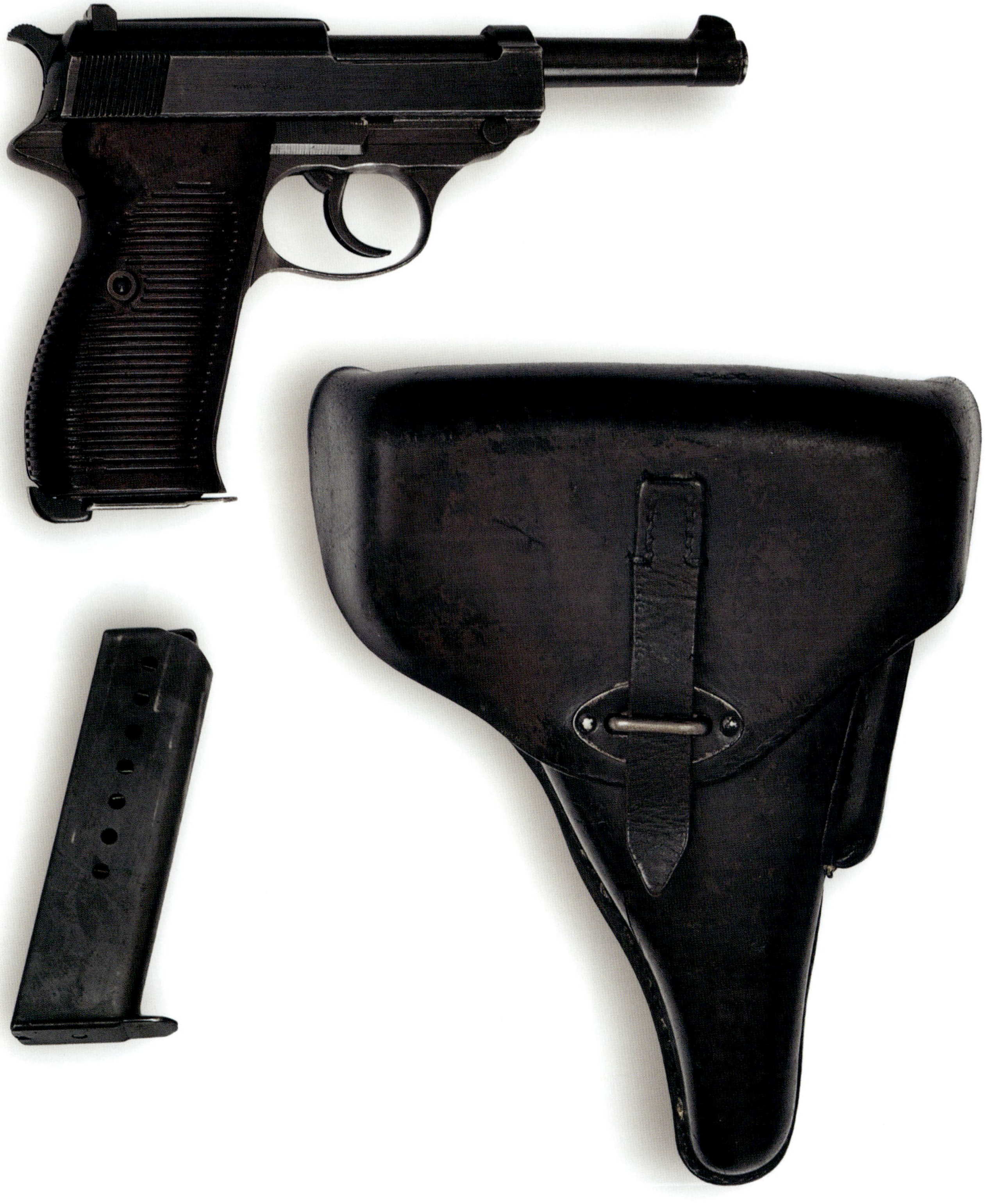

PISTOLAS » Os modelos Browning 9 mm (à esquerda), de fabricação belga, e Radom 9 mm (à direita), produzida na Polônia, tiveram uso generalizado pela Wehrmacht. A Alemanha nazista empreendeu uma guerra em escala mundial, com campanhas em múltiplas frentes, enfrentando as maiores potências globais. Contudo, dependia da produção de material capturado em países ocupados e grande parte da logística das divisões de infantaria ainda dependiam de cavalos.

COBERTURAS MILITARES » Bibicos e gorros eram também presas de guerra populares, além de pistolas, capacetes e medalhas. Os alemães trajavam uniforme cinza de lã, para uso continental, e outro cáqui ou esverdeado de brim, para uso no Norte da África ou em regiões mais quentes da Europa.

CAPACETE M33 ITALIANO » Além das unidades alemãs, desde setembro de 1944 os brasileiros também estiveram em contato com divisões do Exército Republicano de Mussolini. Após a invasão da Itália pelos Aliados, em 8 de setembro de 1943, o rei se bandeou para o lado Aliado, Mussolini foi detido e o norte do país foi ocupado militarmente pelos alemães. Com a ação de resgate de Mussolini por uma unidade de paraquedistas alemães, a República Social Italiana (RSI) foi estabelecida na cidade de Salò, mais como um regime títere nazista do que como uma nação independente. Foi a humilhação final da Itália na guerra: jovens das classes de 1924 e 1925 foram apressadamente recrutados e enviados para treinamento no campo de Wildflecken, na Alemanha, formando um exército que compreendia três divisões, além de unidades do antigo Exército Real que permaneceram fiéis ao *duce*. A Itália enfrentou uma guerra fratricida entre os guerrilheiros irregulares dos partidos políticos banidos pelo regime fascista e as unidades republicanas. O poder de combate das divisões da RSI nunca foi fortemente considerado pelos Aliados, dado o parco treinamento e a falta de coesão entre suas fileiras, em muitos casos compostas de jovens de bom senso que se recusavam a morrer na pantomima do estertor do regime fascista.

CAPACETE BRITÂNICO MKII » A força Aliada na Itália era totalizada no XV Grupo de Exército, cujo comando foi assumido pelo general Mark Clark no segundo semestre de 1944. Esse grande comando compunha-se do 5º Exército Americano, que combatia no setor do mar Tirreno, e do 8º Exército Britânico, operando no lado do mar Adriático. Havia combatentes de 27 nacionalidades sob o comando do general Clark, formando uma verdadeira força multinacional. Uma das mais intrincadas questões políticas de toda a guerra foi liderar o entendimento entre todas as nacionalidades presentes, cada qual com seus próprios interesses e perspectivas nacionais.

CONDECORAÇÕES AMERICANAS » Os americanos conferiam o distintivo azul de combate de Infantaria (ao topo) a seus soldados. Era merecedor da insígnia todo homem que tivesse sofrido ação de fogo inimigo. Uma vez que a FEB estava incorporada ao 5º Exército, oficiais americanos adidos à 1ª Divisão de Infantaria Expedicionária sugeriram que os soldados brasileiros também recebessem a insígnia de combatente, além da medalha americana da Campanha da Europa (à esquerda) e de Boa Conduta do Exército dos Estados Unidos (à direita). Não se sabe exatamente por quais motivos o comando da FEB recusou a proposta, mas é certo que soldados e sargentos expedicionários mais condecorados que os oficiais que ficaram no Brasil não seriam uma vista muito apreciada no pós-guerra.

CONDECORAÇÕES » Em julho de 1945 foi instituída uma premiação para os feridos da FEB: a Medalha de Sangue do Brasil, contendo três estrelas vermelhas simbolizando os três ferimentos recebidos pelo general Sampaio na Batalha de Tuiuti, durante a Guerra do Paraguai. Raramente entregues aos feridos em tempo, no pós-guerra um esforço mínimo foi conduzido para encontrar os recipiendários, com medalhas sendo despachadas pelos Correios ou friamente retiradas em balcões de burocratas do Ministério da Guerra sem pompa alguma. Por fim, as medalhas amargaram por décadas nos cofres das associações de ex-combatentes. A maioria das peças cunhadas jamais chegou a ser conferida aos veteranos que tinham direito. A Medalha de Campanha (à direita), de concessão universal a todo participante da FEB, foi uma das poucas condecorações que chegou aos seus merecedores.

MEDALHA DA CAMPANHA DO ATLÂNTICO SUL » Condecoração da Força Aérea, concedida aos integrantes da força que tivessem participado ativamente da campanha antissubmarina entre 1942 e 1945. O Brasil, além de enviar soldados para combater em outro continente, também foi um teatro de operações de guerra: a FAB e a Marinha patrulharam as costas e larga faixa marítima, lado a lado com Marinha e Força Aérea Americanas, tendo participado na caça e afundamento de submarinos alemães e italianos, além de em vários comboios de escolta na estratégica missão de suprir os Aliados com matérias-primas e combatentes. Um dos principais materiais produzidos pelo Brasil era o látex natural, extraído das seringueiras da Amazônia, em um dos mais esquecidos episódios da Segunda Guerra Mundial, o Exército da Borracha. A dificuldade de retirar esse produto da selva amazônica acrescia o problema de conduzi-lo em comboios navais escoltados até os Estados Unidos para que fosse processado e transformado em pneus, óculos de pilotos, coletes, cintos salva-vidas e centenas de outras aplicações na indústria bélica.

MEDALHA DE SERVIÇOS DE GUERRA DA MARINHA »
Esta insígnia era concedida aos participantes na campanha do Atlântico Sul e aos tripulantes dos navios que escoltaram e transportaram a FEB ao teatro de operações. Antes que a FEB embarcasse para a Itália, a Marinha e a Força Aérea já haviam se engajado em combate no litoral nacional, enfrentando os submarinos italianos e alemães que incursionavam em águas brasileiras, com o intuito de aterrorizar a navegação de cabotagem e solapar o fluxo de materiais estratégicos da América do Sul para as nações Aliadas.

CRUZ DE COMBATE » Para premiar os combatentes que se destacassem em ação contra o inimigo, a Medalha da Cruz de Combate foi criada em dois graus: Prata, para feitos coletivos; e Ouro, para feitos de caráter individual. Vários milhares foram conferidos no fim da guerra, com levas subsequentes de premiações atrasadas nas décadas de 1950 e 1960.

SUVENIR DE CAMPANHA » Em formato de medalha, foi cunhado por uma empresa italiana e vendido para os expedicionários no período de estacionamento e retorno ao Brasil.

UNIFORME TIPO B-2 » De fabricação nacional, era típico dos meses finais da guerra e da fase de retorno ao Brasil. A longa blusa de lã foi recortada e transformada em jaqueta e, com o fim dos combates, as insígnias começam a ser aplicadas de modo generalizado: distintivo do 5º Exército, Medalha de Campanha, três barras horizontais indicando 12 meses de serviço no além-mar e também a prática não autorizada de uso das barretas das medalhas americanas de Campanha na Europa e de Boa Conduta, logo acima da medalha brasileira (mesmo sem a permissão do comando brasileiro, alguns soldados continuaram usando as condecorações americanas). A lã deste uniforme é de qualidade inferior, em comparação ao material usado para confeccionar o uniforme de oficial exibido nas páginas 98-99. A perneira americana de lona prendia a calça sobre o borzeguim de couro preto da FEB.

DIVULGAÇÃO » Esta publicação sobre os auspícios do comando da FEB traria um resumo dos fatos da campanha. Na capa interna, o veterano podia acrescentar seu próprio nome e foto. Para adornar a primeira capa deste impresso, o comando escolheu uma ilustração feita pelos Estúdios Walt Disney no início de 1945 que havia sido enviada para servir como insígnia divisionária, embora um desenho originado no quartel-general já houvesse sido escolhido para que os distintivos fossem confeccionados. A preocupação em registrar e documentar os principais episódios da guerra já se manifestava antes mesmo que o primeiro soldado brasileiro pusesse os pés no navio para voltar para casa.

Este Exemplar Pertence
ao Expedicionario

Marcilio de Sá Earp
(Nome)

(Autografo do Chefe)

BRASIL

II GRANDE GUERRA

Resumo Historico Da Participacao Da Forca Expedicionaria Brasileira, Sob O Comando Do Gen. Div. Joao Batista Mascarenhas De Morais, No Teatro De Operacoes Da Italia.

(Organizado pela Sec. Esp. Cmd.)

A ESPETACULAR RENDICAO DE COLECHIO
Dios Generais Inimigos, suas divisoes e todo o impedimento de Guerra, caem maos da Forca Expedicionaria Brasileira, em consequencia da manobra do Rio Taro.

JORNAL » À direita, o exemplar final do *... E a cobra fumou!*, jornal produzido por soldados do 6º Regimento de Infantaria entre agosto de 1944 e maio de 1945. Em seu cabeçalho, exibia orgulhosamente o dístico "Não registrado no DIP" – seus editores destacavam o feito de o periódico não ser censurado pelo regime de Vargas. Esta edição especial, com capa em cores, foi impressa na cidade italiana de Voghera para comemorar o final da guerra. Ao longo da campanha, combatentes de diversas unidades da FEB produziram seus próprios jornais, circulando notícias de seu interesse mais ligadas com a realidade que enfrentavam e tratando de questões afeitas aos seus círculos de convívio mais próximos. A tropa da FEB era vastamente instruída e alfabetizada, e uma contribuição interessante começou a ser veiculada nestes pequenos jornais: as "poesias de trincheira", que expressavam a experiência de combate e a presença na guerra, às vezes de maneira dramática, às vezes jocosa.

CERTIFICADO » Impresso em Milão, no certificado de participação no teatro de operações da Itália já se observava que, no momento de retorno ao Brasil, o soldado expedicionário não pertencia mais ao Exército Brasileiro. A medida grosseira e calculada para reduzir a influência da FEB no seio do Exército desperdiçou o conhecimento profissional militar de milhares de combatentes que poderiam ter seguido carreira e repassado sua experiência de guerra às novas levas de conscritos. O Brasil havia enviado seus soldados ao conflito justamente para adquirir prática com a guerra moderna, não fazendo sentido o governo se desfazer de seus veteranos tão apressadamente. O pano de fundo para essa medida jazia nas incertezas e preocupações de lideranças civis e militares de então, cada qual com seus próprios motivos para temer uma interferência da FEB no quadro político nacional.

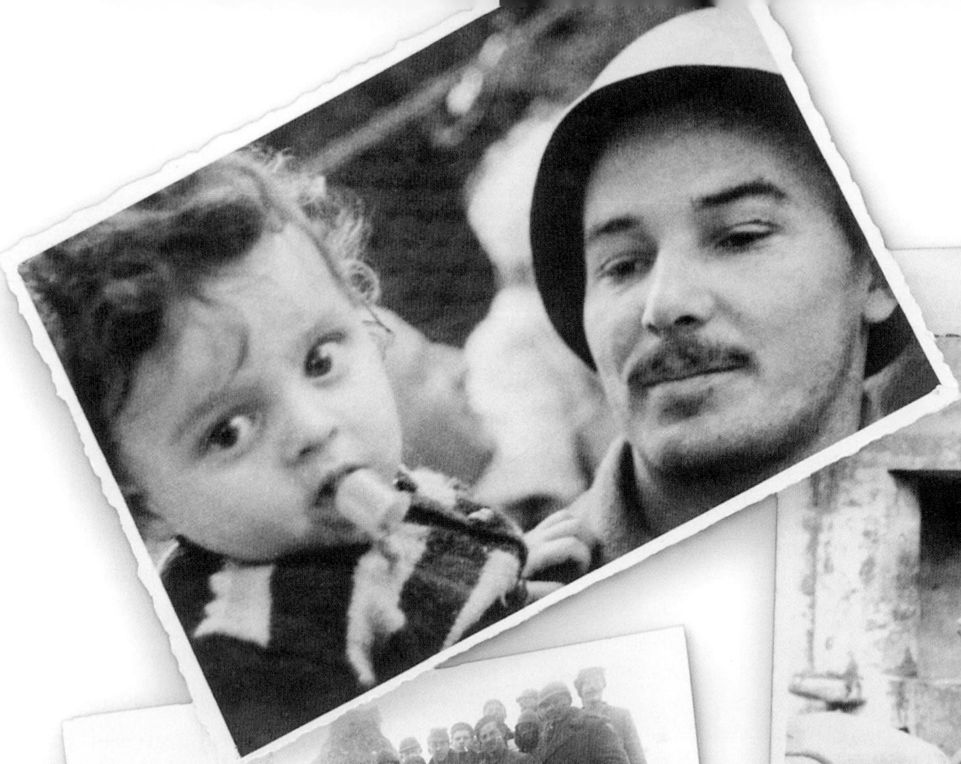
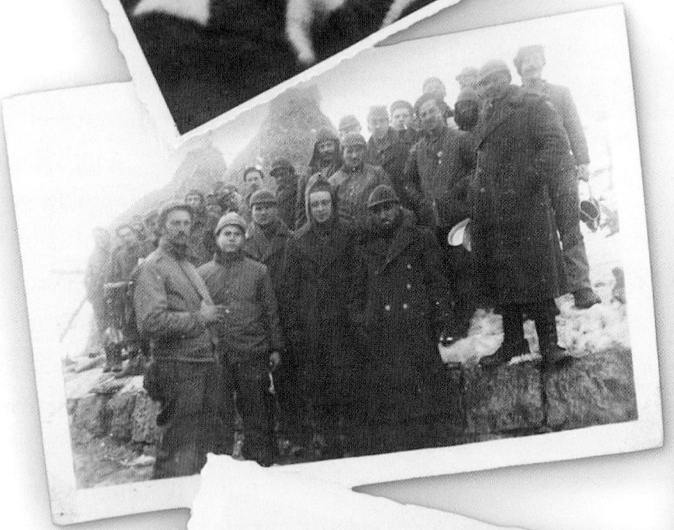
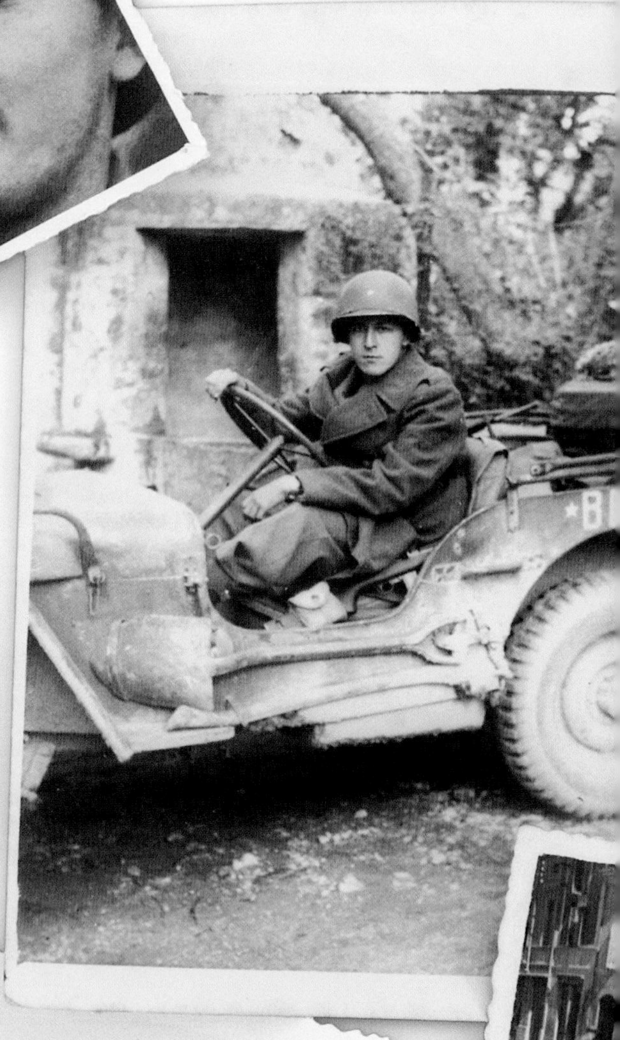
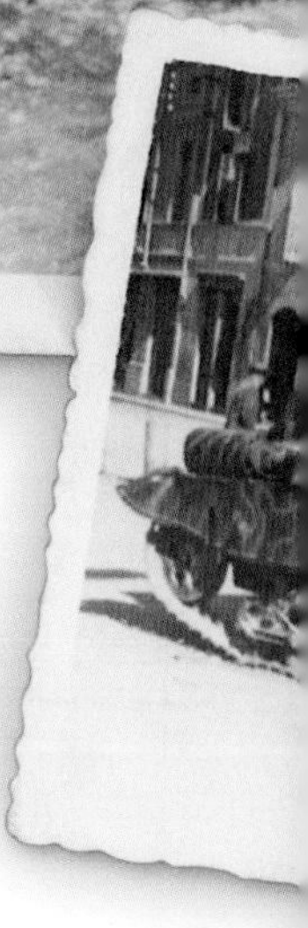
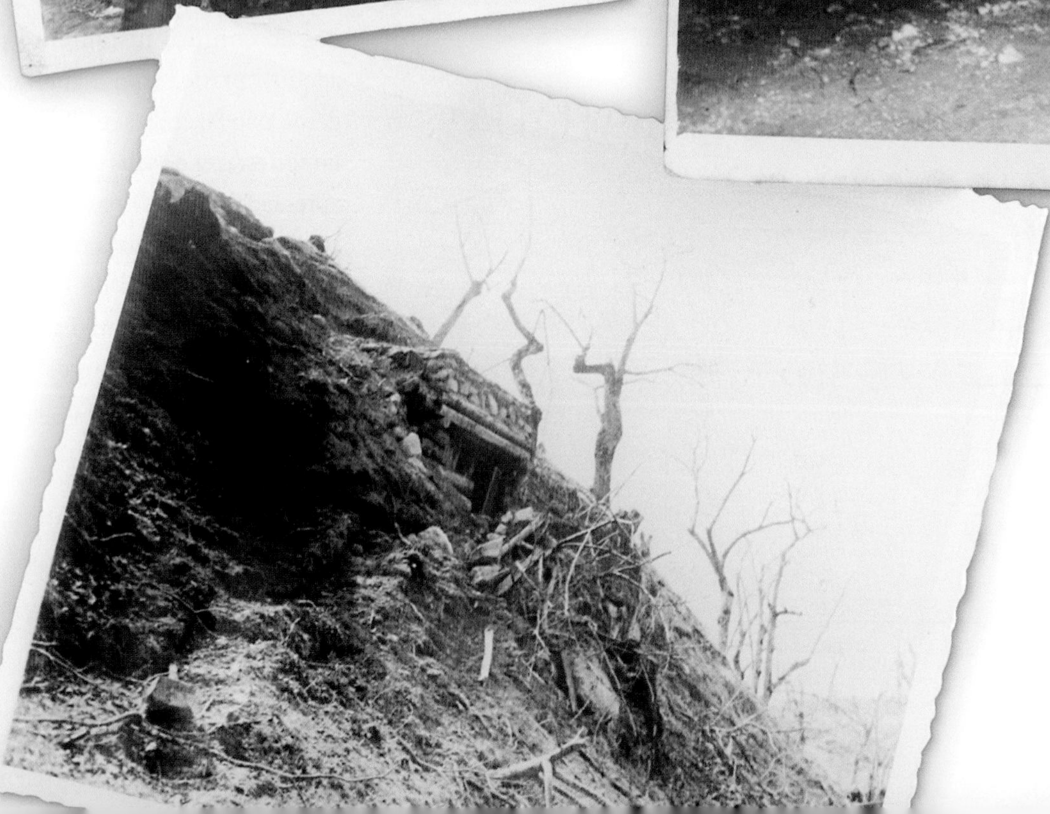

FOTOGRAFIAS » Em raras ocasiões foi possível que os soldados documentassem aspectos da guerra em fotos. Películas e câmeras eram materiais de difícil obtenção e o front não podia ser fotografado indiscriminadamente por questões de segurança. Assim, pouquíssimas cenas capturadas na linha de frente podem ser vistas nos álbuns dos veteranos. A maioria delas consiste em fotos feitas em posições de descanso, retratos de companheiros com dedicatórias e as cenas de passeio na retaguarda registradas nas folgas do front. Muitas outras fotos foram tiradas na fase de ocupação, quando os combates já haviam cessado. Infelizmente, os fotógrafos oficiais do governo brasileiro tiveram circulação muito controlada e, como resultado, registros iconográficos feitos por agências de propaganda não foram muito extensos e variados.

ROTEIRO DA FEB » Este explicativo da campanha da FEB foi elaborado em 1945 pelo Gabinete Fotocartográfico do Ministério da Guerra. O simples diagrama mostra os principais dados sobre a participação brasileira na guerra: o número de 1.577 feridos em combate, 451 mortos, 20.573 prisioneiros capturados e o número total de 25.334 expedicionários.

SELOS » À esquerda, selos da época da guerra e, à direita, do pós-guerra imediato, comemorando a participação brasileira na campanha. O estardalhaço com a volta dos expedicionários foi grande e tanto as capitais como as pequenas cidades do interior festejaram o retorno de seus soldados.

COMUNICADO DE FALECIMENTO » O cabo Norberto Henrique Weber pertencia à 9ª Companhia de Fuzileiros, do 6º Regimento de Infantaria. No dia 14 de abril de 1945, sua unidade participou do ataque a Montese. Weber foi morto por um estilhaço de granada alemã, abraçado ao cano do morteiro de 60 mm que operava enquanto penetrava em um casario cravado nas montanhas. Seu pai foi notificado pelo Ministério da Guerra menos de um mês depois do ocorrido.

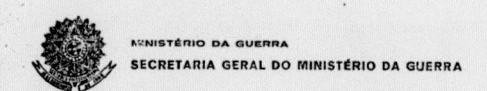

MINISTÉRIO DA GUERRA
SECRETARIA GERAL DO MINISTÉRIO DA GUERRA

Em 9 de Maio de 1945

Sr. PEDRO WEBER

    Bastante pezaroso comunico-vos, de ordem do Exmo. Sr. Ministro, o falecimento em operações de guerra na Itália, no dia 14 de abril do corrente ano, do cabo NORBERTO HENRIQUE WEBER da Fôrça Expedicionária Brasileira.

    Lamento sinceramente ter de vos transmitir essa infausta notícia, mas é oportuno e confortador, principalmente para os parentes mais próximos, saber que o cabo NORBERTO HENRIQUE WEBER em terra estrangeira soube honrar as tradições gloriosas do soldado Brasileiro, demonstrando no campo de batalha nobres virtudes morais.

    Entregue inteiramente ao serviço da Pátria, cuja honra defendeu com o sacrifício da própria vida, deu assim um sublime exemplo de amor ao Brasil, tornando-se um legítimo orgulho e grande incentivo aos seus parentes, amigos, camaradas e compatriotas.

    Perdeu deste modo a Pátria um fiel e dedicado servidor e por esse motivo, apresento-vos bem como à Família do cabo HENRIQUE WEBER, em nome do Exército, as mais sinceras e sentidas condolências.

CANROBERT PEREIRA DA COSTA
Gen. Bda., Secretário Geral do M. G.

HOMENAGEM PÓSTUMA » O paulistano Carlo Bertini morava na rua Domingos Rodrigues, na Lapa, e trabalhava como niquelador na Barra Funda. Ele gostava de passar os feriados em Santos com amigos e família. Foi morto por estilhaço de granada em novembro de 1944, enquanto servia como padioleiro no 6º Regimento de Infantaria.

CEMITÉRIO DE PISTOIA » Foto de 1945. Em 1960, uma decisão questionável trouxe os restos mortais dos combatentes da FEB para um monumento de gosto bastante duvidoso, localizado no Aterro do Flamengo, no Rio de Janeiro.

VOLTANDO PARA CASA » Cada homem carregava seu Saco A, usado para transporte de artigos de primeira necessidade, que acompanhava o combatente em sua ida ao front, enquanto o Saco B permanecia guardado no depósito regimental. Por essa razão, o soldado que combatia era apelidado de Saco A e o homem da retaguarda era pejorativamente chamado de Saco B.

SUVENIR » As peças de porcelana produzidas na região florentina estavam entre os suvenires mais apreciados pelos soldados, tanto que o próprio comando da FEB encomendou um jogo completo de almoço junto ao tradicional fabricante Richard Ginori para abrilhantar o Almoço da Vitória promovido em Alessandria, em 13 de maio de 1945, para a oficialidade da FEB e alguns dos principais chefes Aliados.

ÁLBUNS » Com motivos alusivos à FEB, os álbuns eram vendidos nas papelarias em cidades brasileiras logo depois do fim da guerra. Eles estão entre os itens mais comuns preservados pelos veteranos, algumas vezes com fotos raras registradas no front e retratos com dedicatórias de companheiros. Examiná-los é sempre um fascinante mergulho na experiência de guerra de um ex-combatente.

CAPÍTULO 8

O RETORNO PARA CASA

CANÇÃO DO EXPEDICIONÁRIO » A composição que representa a FEB tem letra do poeta Guilherme de Almeida e música do maestro Spartaco Rossi. Ela foi vencedora de um concurso realizado para a definição da canção-símbolo da FEB, sem dúvida uma escolha bastante feliz, dada a permanência de seus versos e melodia na memória popular. Os compositores brasileiros trabalharam intensamente entre 1942 e 1945, deixando uma produção que por si só pode ser motivo de estudo e análise. A *Canção do expedicionário* só se tornou popular entre os veteranos bem depois da guerra e, na Itália, os dobrados militares tradicionais brasileiros eram as músicas mais executadas pelas bandas militares.

COMPOSIÇÕES » Música, literatura e guerra sempre andaram juntas. Além das composições de cunho cívico, os soldados brasileiros também foram autores de dezenas de sambas e músicas de outros ritmos compostas durante a campanha. Várias apresentações musicais de grupos de expedicionários foram gravadas em 1945 pelo repórter da BBC Francis Hallawell no acampamento de Fracolise e prensadas em discos difundidos no pós-guerra. Em 1965, um dos grupos existentes no Regimento Sampaio se reuniu e regravou alguns de seus sambas. As músicas surpreendem pelo bom humor, presença de espírito, orgulho dos combatentes, além de exaltarem a coragem de companheiros e comandantes. As gravações podem ser facilmente encontradas na internet.

LITERATURA » O alto índice de alfabetização entre os componentes da FEB surtiu um efeito interessante, originando centenas de livros de memórias. Alguns podem ser considerados obras-primas da literatura de guerra, outros destacam aspectos pouco conhecidos da campanha e ainda há títulos que fornecem detalhes sobre as provações enfrentadas por combatentes feridos, prisioneiros ou os aspectos táticos e políticos das ações da FEB. Muitas vezes, a materialização do livro era devido ao trabalho do próprio veterano – uma grande quantidade de obras foi publicada em caráter de edição independente, ou seja, produzida com os recursos do próprio autor. O fato de muitas obras célebres de escritores de talento não se encontrarem mais à venda nas livrarias é um testemunho de nossa indigência cultural – como foi afirmado por um reconhecido veterano, o escritor e tradutor Boris Schnaiderman.

HERANÇA » Nas décadas mais próximas do fim da guerra, a lembrança da FEB ainda era recente e o episódio foi tema de álbuns de figurinhas, histórias em quadrinhos, documentários, reportagens em grandes revistas de circulação nacional, samba, música sertaneja e até de um filme longa-metragem, lançado em 1960 e intitulado *Eles não voltaram*. As estampas do sabonete Eucalol povoaram a imaginação dos jovens das décadas de 1950 e 1960 com histórias, personagens e objetos da Campanha da Itália, entre outras temáticas de cunho histórico e popular.

VETERANOS » No pós-guerra, a vida dos veteranos foi pautada por uma batalha constante entre o esquecimento e a preservação da memória de todo o esforço e sacrifício despendido na Campanha da Itália. Até o início do século XXI, a figura do veterano da Segunda Guerra Mundial era frequente nas comemorações cívicas, sempre portando sua boina com o símbolo da FEB, da Marinha ou da Força Aérea. Com o passar dos anos, sua presença foi se tornando mais esparsa. Hoje os poucos veteranos restantes desfilam embarcados em jipes restaurados ou a bordo de viaturas do Exército, na enganosa aparência de fragilidade do homem centenário ou nonagenário que um dia enfrentou a mais violenta guerra de toda a história da humanidade. O Brasil foi dignamente representado no conflito por seus soldados.

171

AGRADECIMENTOS

Um seleto grupo de amigos concorreu para o bom andamento deste trabalho: Douglas Aguiar Junior, Julio César Fidalgo Zary, Rob Pijnenburg, Claudio Luiz Senise, Rafael Sbeghen Senise e Ricardo Della Rosa. Barry Smith cedeu o documento pessoal de Eccard von Gablenz e o periódico da divisão sob seu comando.

REFERÊNCIAS BIBLIOGRÁFICAS

BONALUME NETO, R. *A nossa Segunda Guerra*. São Paulo: Expressão e Cultura, 1995.

FERRAZ, F. C. *A guerra que não acabou*. Londrina: Eduel, 2012.

MAXIMIANO, C. C. *Barbudos, sujos e fatigados*. São Paulo: Grua Livros, 2010.

OLIVEIRA, D. *Os soldados alemães de Vargas*. Curitiba: Juruá, 2008.

PEREIRA, D. L. *Operação Brasil*. São Paulo: Contexto, 2015.

O AUTOR

CESAR CAMPIANI MAXIMIANO nasceu em São Paulo em 1971. Publicou seu primeiro livro sobre a FEB em 1995 e, em seguida, se especializou na área de história militar, obtendo seu doutorado na Universidade de São Paulo e trabalhando em diversos projetos de ensino do Exército Brasileiro. Foi professor de estratégia e doutrina militar na Escola de Comando e Estado-Maior do Exército, de história das relações internacionais na Pontifícia Universidade Católica de São Paulo e de história contemporânea na Universidade Federal de Mato Grosso do Sul. Cesar é casado com Alessandra e ambos vivem com seus cães e gatos em São Paulo.